Heidi Scherr und Marion Kawohl
PRIMA PARTNER
Ausbildungswege zum Behindertenbegleithund

CW00868450

Adresse: Heidi Scherr

Homepage: www.prima.partner.de
Email: prima.partner@t-online.de

Alle Rechte bei den Autorinnen
Herstellung: Books on Demand GmbH, Norderstedt
ISBN 3-8330-0434-7

Inhalt

Einleitung   9
Der erste Behindertenbegleithund hieß Abdul   9

1. Der Hund   17
  1.1. Was ist ein Behindertenbegleithund   17
  1.2. Welche Hunderassen sind geeignet, welche nicht   22
  1.3. Auswahl des erwachsenen Hundes   29
  1.3.1. Wie gehe ich auf Suche   29
  1.3.2. Eignungstest   33
  1.3.3. Der Gesundheitscheck beim Tierarzt   37
  1.3.4. Übernahme zur Ausbildung und Unterbringung   39
Probleme mit meiner Hundehaltung   41
  1.4. Die Ausbildung des Hundes   44
  1.4.1. Wie fange ich an - das Clicker-Training   44
  1.4.2. Das Apportieren ohne Zwang   68
  1.4.3. Zwangsapport   76
  1.4.4. Grundgehorsam   81
  1.4.5. Der Trick mit dem Blick – oder was mache ich,
wenn nichts mehr hilft?   97
  1.4.6. Tellington Touch – Wellness für den Hund   99
  1.5. Die Welpen   103
  1.5.1 Auswahl und Welpentest   103
  1.5.2. Die Ausbildung und Unterbringung der Welpen   106
  1.6. Rücknahme eines Hundes   110

2. Der Mensch   117
  2.1. Die Kontaktaufnahme   117
  2.2. Auswahlkriterien   121
  2.3 Finanzierungsmöglichkeiten   123

3. Das Team   124
  3.1. Welcher Hund passt zu welchem Menschen   124
  3.2. Training bei mir   125

3.3. Training im neuen Zuhause 139

3.4. Die Nachsorge 146

3.5. Erfahrungen mit dem BBH – Mit William bin ich
wieder zum Leben erwacht! 151

Literaturverzeichnis 158

Eigentlich hat alles mit meiner Labradorhündin Margaux begonnen. Sie war natürlich von Adel und hieß richtig Arosa von der Breiten Eiche. Sie war der beste und liebste Hund, den ich je hatte. Ihr Arbeitseifer war unübertroffen, wegen ihr führte ich sie zur Bringleistungsprüfung (Jagdprüfung des DRC) obwohl weder mein Mann noch ich Jäger waren. Als endlich der Prüfungstermin feststand, mußte meine Tochter, obwohl sie noch nie mit einem Hund gearbeitet hatte, zur Prüfung gehen, da ich verhindert war. In der Aufregen vergaß Sabine den Spickzettel mit den Kommandos, aber meine Margaux benötigte diese Hilfen gar nicht. Sie bestand die Prüfung ganz alleine. Durch sie habe ich gelernt, wie viel in einem Hund steckt, und sie hat mir auch den Weg gezeigt, wie man seinen Hund fördern kann und sollte. Nebenbei hat sie noch 7 prächtige Welpen zur Welt gebracht, wovon eine Hündin die höchsten Weihen zum Blindenführhund erhalten hat.

Meiner Margaux ist dieses Buch gewidmet

HEIDI SCHERR

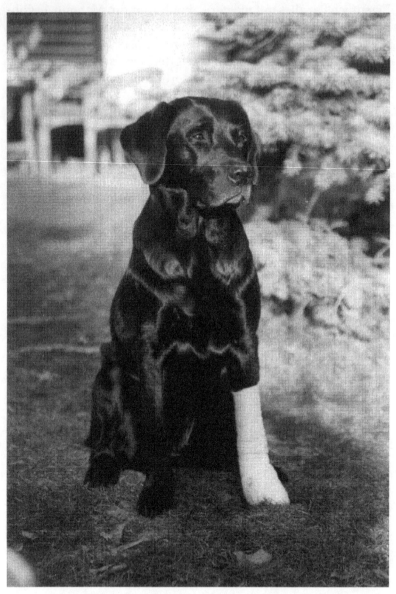

Mit ihr hat alles angefangen: meine Labradorhündin Margaux

Einleitung

Der erste Behindertenbegleithund hieß Abdul

Anfang der 70er Jahre hat die Amerikanerin Bonnie Bergin bei einem Urlaub in Mexiko gesehen, wie sich behinderte Menschen auf Esel und Mulis stützten, um besser gehen zu können. Wieder zu Hause kam ihr die Idee, ein Hund könnte einem Menschen noch weitaus besser helfen. Mit ihrer behinderten Freundin Kerry Knaus, die im E-Rolli (Elektro-Rollstuhl) saß, und ihrem Hund Abdul fing Bergin an zu trainieren. Abdul sollte der erste Behindertenbegleithund (BBH) werden. Es war ein ziemlich steiniger Weg. Experten und Insider hielten es schlichtweg für unmöglich, dass so etwas funktionieren könnte. Bonnie Bergin benötigte zwei Jahre, um ein Ausbildungsprogramm zu erstellen und allen Zweiflern bewiesen, dass man Hunde zum Helfer für behinderte Menschen ausbilden kann. Nach ihrem Programm arbeiten heute noch die Trainer in aller Welt. Bonnie Bergin gründete in Kalifornien das Ausbildungszentrum Canine Companion for Independence (CCI), das weltweit Nachahmer fand. Sie ist heute nicht mehr bei CCI tätig, aber hält häufig Vorträge, um ihre gute Sache noch populärer zu machen. Im Jahr 2000 kam Bonnie Bergin nach Europa, um in Deutschland den ersten Kongress für europäische BBH-Trainer zu organisieren. Es brauchte (leider muss man sagen) den Anstoß von ihrer Person, dass wir Europäer uns endlich einmal gemeinsam an einen Tisch gesetzt haben.

In Europa ist die Verbreitung von BBHs ganz unterschiedlich. Deutschland hinkt ohne ersichtlichen Grund hinterher. Die Deutschen waren lange Zeit führend in der Ausbildung von Blindenführhunden. Diese Idee haben die Amerikaner übernommen. Weshalb dieser Ideenaustausch beim BBH nicht in anderer Richtung – von Amerika nach Deutschland - genauso gut funktioniert, bleibt ein Rätsel. In Europa versuchte zuerst jedes Land, eigene Regeln für den Beruf des BBH-Trainers aufzustellen, für den es leider noch keine gesetzliche Grundlage gibt. Inzwischen wird europaweit versucht, einen allgemeinen Standard mit einer Prüfungsordnung, an die sich alle halten müssen, zu erreichen. Es wäre wünschenswert, wenn diese Prüfungsordnung bald zustande kommt.

Wie es zu diesem Buch kam

Ich lernte die Journalistin Marion Kawohl, ausgebildete Redakteurin und Erich-Voltmer-Preisträgerin, durch meine Arbeit kennen. Marion berichtete für ihre Zeitung über mich und meine Hunde. Mir gefiel gleich ihre einfühlsame und zugleich flotte Schreibweise. Es sollten noch zahlreiche weitere Publikationen folgen, mit denen Marion meine Tätigkeit als BBH-Trainerin über die Jahre hinweg begleitete und unterstützte. Als sich mit der Zeit die Anfragen häuften, ob es nicht ein Buch über diese spezielle Hundeausbildung auf Deutsch gäbe, kam uns beiden die Idee: Warum immer nur sagen: Tut mir Leid, darüber gibt es nichts!, wir könnten doch dieses Buch selbst schreiben. Also haben wir uns voll Elan gemeinsam in das Abenteuer Buch gestürzt und unsere Talente vereint. Marion brachte als mein schriftstellerisches zweites Ich meine Gedanken, Erfahrungen und Fallbeispiele in eine gut lesbare und druckreife Form. Das Ergebnis haben Sie nun vor sich liegen.

An wen wir uns richten und was wir wollen

Unser Buch richtet sich nicht nur an zukünftige BBH-Trainer, sondern auch an behinderte Menschen und an alle Menschen, die beruflich oder privat mit Behinderten zu tun haben. Wir wollen die Behinderten erreichen, damit sie erfahren, wie lange der Weg bis zur erfolgreichen Ausbildung eines BBHs ist. Das Buch will um Verständnis dafür werben, dass ein BBH nicht funktioniert wie ein Computer, den man nur ein- oder ausschaltet. Außerdem wollen wir allen Menschen, ob sie selbst behindert sind oder mit Behinderten zu tun haben, zeigen, welch toller Partner ein entsprechend ausgebildeter Hund für einen Behinderten sein kann. Hundetrainer aus anderen Bereichen können mit unserem Buch ihren Erfahrungsschatz erweitern. Unser Buch soll aufzeigen, welche Wege man gehen kann, wieviel Zeit man in die Ausbildung eines BBH investieren sollte. An dem Inhaltsverzeichnis kann der Leser schon erkennen, dass es nicht allein damit getan ist, den Hund auszubilden, das ist fast der kleinste Part in dieser Tätigkeit. Wir möchten auch die Schwierigkeiten und Misserfolge nicht verschweigen, da erfahrungsgemäß die meisten Interessenten für diesen Beruf leider sehr idealistische und oft diffuse Vorstellungen davon haben. Dieses Buch soll und kann aber keine Gebrauchsanleitung sein, mit der in der Hand man einen Hund zum Behindertenbegleithund ausbildet. Das geht auch gar nicht. Wie jedes Lebewesen reagiert auch jeder Hund unterschiedlich, passt nicht einfach in eine Schablone und kann daher nicht nach Schema F ausgebildet werden. Tritt ein Problem auf, muss der Trainer sofort reagieren und kann nicht erst umständlich in einem Buch nach der richtigen Stelle suchen. Bis er oder sie die passende Seite gefunden hat, wäre es eh zu spät. Das Buch gibt größtenteils meine Erfahrungen wieder, was nicht heißt, dass es nicht auch andere Wege zum Erfolg gibt. Wir setzen schon gute Kenntnisse über die Ausbildung von Hunden voraus, sei es zu Begleithunden, Jagdhunden oder Rettungshunden, gehen daher nicht näher auf die Methoden der Grundausbildung ein, da es genügend gute Bücher für jegliche Ausbildungswege gibt.

Voraussetzungen, um BBH-Trainer zu werden

Leider ist der Beruf eines BBH-Trainers kein anerkannter Beruf. Jeder, der sich berufen fühlt, darf diese Hunde ausbilden. Die Verbände und Institutionen bemühen sich alle um eine Anerkennung dieses Berufsbildes und darum, eine feste Ausbildungsrichtlinie sowohl für die Ausbildung des Trainers, als auch die der Hunde zu erarbeiten. Leider bisher vergebens. Ein verantwortungsbewußter Ausbilder sollte zumindest wissen, welche Voraussetzungen er mitbringen muss, um wirklich erfolgreich zu sein. Bei der Arbeit muss er sich stets von seinem Verantwortungsgefühl für Hund und Mensch leiten lassen. Der bisher beste

Weg, den Beruf gründlich zu erlernen, ist ein Aufenthalt in den USA, der Wiege des BBH-Trainings. Dort gibt es viele Ausbildungsstätten für Hunde und Trainer, die auf die längsten Erfahrungen zurückgreifen können. Sie bieten ein großes Potential an Hunden und an Menschen mit den unterschiedlichsten Behinderungen. Als zukünftiger Trainer braucht man viel Erfahrung mit den Handicaps der betroffenen Personen, um sich auf ihre Bedürfnisse einzustellen und die Hunde dementsprechend trainieren zu können. Fingerspitzengefühl für den betroffenen Menschen ist eine weitere unabdingbare Voraussetzung für diesen Beruf, für den man auch eine echte Berufung haben muss. Hilfreich wären Erfahrungen mit betroffenen Personen, die aufgrund einer Erkrankung oder eines Unfalls im Rollstuhl sitzen oder stark gehbehindert sind. In meinem Fall profitierte ich von meiner Tätigkeit als Heilpraktikerin.

Der zukünftige BBH-Trainer sollte auch reichliche Erfahrungen in der Ausbildung von Hunden mitbringen. Er sollte Hunde schon zu allen möglichen Arten von Prüfungen geführt haben, sei es die Begleithunde- oder die Rettungshundeprüfung. Außerdem sollte er die verschiedenen Methoden der positiven Motivation kennen. Natürlich muss man sich wie in jeder anderen Berufssparte auch ständig weiterbilden. Es gibt genügend interessante Fortbildungsmöglichkeiten, wie zum Beispiel die hervorragenden Seminare, die der Verein Tiere helfen Menschen jährlich in Stuttgart im Rahmen der Ausstellung ANIMAL anbietet. Unser Buch kann und will nicht die gründliche Ausbildung in einem renommierten Trainingszentrum ersetzen. Es kann allerdings aufzeigen, wie lange der Weg zum erfolgreichen Behindertenbegleithund ist und die Tätigkeit des Trainers und Vermittlers zwischen Hund und Behinderten in allen seinen Facetten und Schwierigkeiten darstellen, damit sich niemand blauäugig in ein Abenteuer stürzt, dem er oder sie letztendlich nicht gewachsen ist.

Werdegang und Erfahrungen einer BBH-Trainerin

Ich bin mit Hunden aufgewachsen, habe immer mit Hunden gearbeitet, sei es, dass ich sie zur Begleithundeprüfung geführt oder eine Jagdhundeausbildung mit ihnen absolviert habe. Meine Motivation dabei ist der Spaß mit Tieren zu arbeiten. Von Beruf her bin ich gelernte Heilpraktikerin. Als meine zwei Töchter aus dem Haus waren, habe ich eine neue Herausforderung gesucht und mich wieder auf das verlegt, was mir immer am meisten Freude bereitet hat, die Arbeit mit Hunden. Zuerst habe ich mich für die Ausbildung zur Blindenführhund-Trainerin interessiert, doch dann stieß ich auf die bei uns noch recht unbekannten BBHs und erkannte, dass dies die Herausforderung ist, die ich gesucht habe. 1996 war ich im Osten der USA im Ausbildungszentrum von Sheila O'Brien, um mich zur BBH-Trainerin ausbilden zu lassen. Sheila O'Brien eröffnete 1976 in Massachussetts NEADS (National Education for Assistance Dogs Services) zuerst als Schule für Hörhunde und nahm später die Ausbildung von BBHs für Rollstuhlfahrer hinzu. Im Jahr nach meinem Aufenthalt bei NEADS bildete ich meinen ersten BBH allein aus. Es ist Aischa, eine Kreuzung aus Labrador und Golden Retriever. Zunächst glaubte ich, dass ich mich vor Anfragen nach BBHs gar nicht retten und den Ansturm von Interessenten nicht bewältigen könnte. Das Gegenteil war der Fall: die Nachfrage war gleich Null. Wie ich erkannte, waren BBHs in Deutschland noch kein Begriff. Viele Betroffene konnten und können sich die aufwendige Ausbildung eines BBHs nicht leisten. Anders als Blindenführhunde werden BBHs nicht von offizieller Seite finanziert. Aus diesen Gründen entschloss ich mich dazu, einen Verein zu gründen, um Sponsoren und Mäzene für meine Idee zu aktivieren. Der Verein Prima Partner wurde ohne Schwierigkeiten als gemeinnützig anerkannt. Die Arbeit konnte endlich beginnen. Mit dabei war auch meine Labradorhündin Margaux, die mit sechseinhalb Jahren spielend die Ausbildung zum Demonstrations-BBH für Gehörlose und Rollstuhlfahrer absolvierte. Damit hat sie selbst Skeptikern bewiesen, dass auch ein älterer Hund immer noch lernfähig sein kann. Meine Margaux war ein in jeder

Hinsicht außergewöhnlicher Hund. „Dies wiederum widerlegt das „Altweibergeschwätz", dass man alten Hunden keine neuen Tricks beibringen könne. Man kann es, aber nur, wenn man ihnen als jungen Hunden das Lernen lehrte". (Richard A. Wolters, „Neue Wege der Jagdhundeausbildung", Kynos Verlag 1993, S. 28.) Mit Aischa und Margaux zusammen begab ich mich auf ausgedehnte Vortragsreisen durch Deutschland. Wir haben gemeinsam die Arbeit eines BBH in Reha-Zentren, Schulen, Selbsthilfegruppen und bei sozial engagierten Hilfsorganisationen vorgeführt. Hinzu kamen zahlreiche Fernsehauftritte. Die Aufklärungsarbeit zeigte Wirkung. Ganz allmählich kamen Anfragen und heute bin ich im Prinzip schon auf Jahre hinaus ausgebucht. Jährlich bilde ich im Schnitt sechs Hunde aus. Bei meinen Unterbringungsmöglichkeiten geht einfach nicht mehr. Ich arbeite ohne Zwinger, die Hunde sind weitgehend bei mir zu Hause untergebracht und das verkraftet nicht mehr als fünf Vierbeiner gleichzeitig. Auf der ersten Jahreskonferenz der europäischen Trainer 2000 erzählte Bonnie Bergin, dass sie in den USA auch schon Welpen erfolgreich ausbilden. Diese neue Herausforderung hat mich so stark interessiert, dass ich seit 2001 selbst damit angefangen habe, mit Erfolg Welpen auszubilden.

Wieviel Zeit investiere ich in meine Arbeit?

Ich werde immer wieder gefragt, wieviel Zeit ich aufbringen muss, um einen Hund auszubilden. Die Frage ist nicht leicht zu beantworten. Zuerst wäre zu klären, was man unter der Ausbildungszeit versteht. Da sind zum einen die 10 bis 20 Minuten für die Spezialaufgaben im Trainingsraum und die ebenfalls rund 20minütigen Stadtbesuche plus An- und Abfahrt, natürlich zweimal täglich! Hinzu kommen dreimal täglich die Spaziergänge mit den Hunden, bei schlechtem Wetter gefolgt vom gründlichen Abputzen der Vierbeiner. Ich stehe da nicht mit der Stoppuhr daneben. Je mehr Hunde man hat, um so eher kommt es zu kleineren Verletzungen, die von mir behandelt werden müssen. Außerdem gibt es öfters Probleme mit den Ohren der Hunde. Die muss ich säubern und mit Reinigungsmittel behandeln, was die Hunde nicht so gerne mögen. Für solche kleineren Behandlungen muss man wieder einige Minuten pro Hund veranschlagen. Was ich während des Tages zu Hause den Hunden - sozusagen nebenbei - an Erziehung zukommen lasse, ist ebenfalls nur sehr schwer messbar. Die Hunde dürfen nicht betteln, wenn wir essen, sie dürfen nichts kaputt machen, nicht auf die Couch springen und nicht ins Bett... Man muss sie bürsten, pflegen, füttern und ab und zu auch mal einen Verband wechseln. Als Fazit kann ich nur sagen, dass ich von morgens um 7 Uhr bis abends um 7 Uhr fast ausschließlich mit den Hunden beschäftigt bin. Die Einschulung und Nachschulung eines Teams sind natürlich tagefüllende Tätigkeiten. In dieser Zeit trainiert meine Mitarbeiterin meine anderen Hunde.

Einmal in der Woche biete ich allen Interessierten und meinen BBH-Führern die Möglichkeit, mit mir übers Internet zu chatten. Dort kann ich Fragen beantworten und auch helfen, kleinere Probleme zu lösen. Wenn es nötig sein sollte, biete ich den chat auch öfter an. Die Nebentätigkeiten wie zum Beispiel Vorträge vorzubereiten, darf man auch nicht vergessen. Je nachdem welchen Zweck der Vortrag erfüllen soll, ob ich auf der Suche nach Sponsoren bin oder meine Tätigkeit allgemein in der Öffentlichkeit vorstelle oder vor Betroffenen spreche, muss ich mich unterschiedlich vorbereiten. Je mehr Interessenten wir haben, um so öfter muss der Verein sich auch mit den Behörden auseinandersetzen. Erlaubt ein Vermieter keinen Hund, so müssen wir als Verein ihm klar machen, dass laut Gesetz das Wohl des Behinderten über sein Hausrecht gestellt werden muss. Auch mit Arbeitgebern oder Geschäftsinhabern, die grundsätzlich Begleitung von Hunden ablehnten, mussten schon längere Schriftwechsel geführt werden. Außerdem wird alle zwei Jahre ein Fest organisiert, zu dem alle Teams eingeladen werden, was natürlich die Suche nach einem geeigneten Ort, Unterbringung et cetera mit sich bringt. Des Öfteren schneit eines meiner Teams auch auf Stippvisite bei mir herein, manchmal, um von mir Hilfe zu erhalten, manchmal, um zu berichten, wie gut alles klappt. Auch die Arbeit mit dem Fernsehen erfordert viel Zeit: Ein Drei-Minuten-Beitrag bedeutet einen ganzen Tag Dreharbeiten. Doch all diese

Tätigkeiten sind untrennbar mit meinem Trainerberuf verbunden. Last but not least sind dann noch die diversen Anfragen, die ich fast täglich per Post, Email, Fax und Telefon erhalte. Was mache ich mit meinem unerzogenen Fifi? Wie werde ich BBH-Trainer/in? Wo kann man eine Ausbildung absolvieren? Mein Schreibtisch ist immer übervoll mit unerledigtem Briefwechsel, zu dessen Erledigung ich meist erst spät abends Zeit finde. Diese Pflicht ist mir zwar ziemlich lästig, doch auch sie muss erledigt werden.

1. Der Hund

1.1. Was ist ein Behindertenbegleithund

Der Hund als Freund

Der BBH ist Freund und Helfer, Partner und Mittler. Als Freund fungiert er wie jeder gute Hund. Er hört sich alle Sorgen an und widerspricht nie, im Gegensatz zu manchen Familienmitgliedern, und weiß nicht alles besser. Dem Hund ist es egal, ob sein Mensch jung oder alt, hübsch oder häßlich, behindert oder nicht behindert ist. Er geht völlig unvoreingenommen mit der Behinderung des Menschen um und hat kein Mitleid, schon gar kein falsches. Der Hund nimmt das Handicap seines Menschen als natürlich und gegeben hin. Das hilft dem Betroffenen wiederum, seine Behinderung zu akzeptieren. Da sein Hund auf ihn genauso reagiert wie auf einen nicht behinderten Menschen, schlägt sich das positiv auf die Gefühlslage des Betroffenen nieder. Muss der Mensch seinen Hund einmal alleine zu Hause lassen, so wird er nach seiner Rückkehr von ihm wieder freudig begrüßt. Der Hund trägt ihm nicht nach, dass er vielleicht zu lange alleine gelassen wurde und macht ihm schon gar keine Vorwürfe. Sollte der Hund versehentlich ungerecht behandelt worden sein, so gibt er seinem Menschen täglich eine neue Chance. Beide können wieder bei Null unvorbelastet anfangen. Der Hund ist nicht nachtragend oder neidisch, er ist einfach der beste Freund des Menschen.

Der BBH als Helfer

Der ausgebildete BBH kann für den Rollstuhlfahrer eine Vielzahl von konkreten Hilfestellungen leisten. Er hebt alle Sachen, die herunterfallen, auf und bringt sie seinem Menschen zum Rollstuhl. Dabei kann er auch kleinste Gegenstände aufheben, wie zum Beispiel Münzen, Büroklammern oder Papier. Er kann

Türen öffnen und schließen, ebenso Schubladen und etwas dort herausholen. Er hat es gelernt, Licht- und Liftschalter auf Kommando zu betätigen. Außerdem kann der BBH beim Entkleiden helfen und mit dem Rucksack auf den Schultern Dinge transportieren. Sollte Hilfe nötig sein, so kann er auf Befehl Laut geben. Die Liste seiner Hilfsdienste könnte man noch beliebig fortsetzen, so vielfältig sind seine Einsatzmöglichkeiten. Das schönste bei all diesen Hilfen für den Menschen: Der Hund wird nie ungeduldig. Wenn dem Behinderten an schwachen Tagen zum Beispiel der Bleistift in einer halben Stunde fünf Mal herunterfallen sollte, würde wohl auch der gutmütigste Angehörige mal sagen: „Mensch, kannst du denn nicht aufpassen!" Für den Hund ist das hingegen wie ein willkommenes Spiel, das er endlos und freudig weiter spielen kann. Da die Rollstuhlfahrer anders als Blinde nicht alle dieselben Handicaps haben, werden dem BBH auf Wunsch spezielle Hilfestellungen, die auf seinen Menschen zugeschnitten sind, beigebracht. Für eine gewisse Zeit ist der BBH auch fähig, den Rollstuhl zu ziehen. Bei dieser Gelegenheit sollte man gleich das Vorurteil aus der Welt räumen, dass die Hunde mit dieser Arbeit gequält werden. Man muss sich nur einmal ansehen, wie manche Hunde beim Gassigehen hechelnd und mit heraushängender Zunge ihr Frauchen oder Herrchen an der Leine hinter sich her ziehen. Die Hunde machen das ganz freiwillig und nur mit Hilfe ihres Halsbandes. Das gewollte Ziehen beim BBH geht hingegen mit Hilfe eines Brustgeschirrs vonstatten. Außerdem ist der Rollstuhl, wenn er mal am Rollen ist, ganz leicht weiter zu bewegen und setzt nicht den Widerstand eines unwilligen Herrchens der Kraft des Hundes entgegen. Bergauf sind dieser Hilfeleistung natürlich Grenzen gesetzt. Ist die Beziehung zwischen Rollstuhlfahrer und BBH sehr gut, so wird der Hund alles daran setzen, seinen Menschen den Berg hinauf zu ziehen. Das sollte man aber auf keinen Fall ausreizen. Der Rollstuhlfahrer sollte nie die Kräfte seines Hundes überschätzen.

Der BBH als Partner

Sind der BBH und sein Mensch ein Team geworden, so gehen sie eine Partnerschaft, ja fast eine Ehe, fürs Leben ein. Die Bezeichnung Partnerschaft ist hier mit Bedacht gewählt, denn in dem Team darf keiner auf Kosten des anderen leben. Der Behinderte muss sich immer der Bedürfnisse seines Hundes bewußt sein und ihnen gerecht werden. Als Partner hilft der Hund seinem Menschen mit der ständigen Bereitschaft zu gefallen über einsame Momente hinweg und kann Trost spenden. Stimmt die Chemie zwischen Hund und Mensch, so wird der Hund bald spüren, dass sein Mensch ihn wirklich braucht. Ein Hund, der wie der BBH gelernt hat zu lernen, wird dann in Situationen, die ihm gar nicht antrainiert worden sind, helfen. Ein Beispiel hierfür: Der von mir ausgebildete Golden Retriever Rüde William war mit seiner Herrin Pia (Name geändert), die im E-Rolli sitzt, beim Spaziergang in den Weinbergen. Pia war für einen Moment unaufmerksam und da geschah es. Nach einem unbedachten Fahrmanöver fiel sie mit ihrem E-Rolli um. Durch den Sturz kam sie so unglücklich unter ihrem Rollstuhl zu liegen, dass sie nicht an ihr Handy gelangen konnte. Die junge Frau war nicht in der Lage, sich aus eigenen Kräften zu befreien und ging in dieser Situation einfach davon aus, dass William gelernt hatte, Hilfe zu holen. Im Brustton der Überzeugung gab sie ihrem Golden Retriever das Kommando: „Hol mir Hilfe!" William zog ihr einen Handschuh aus und lief damit los. Alles weitere erfuhr Pia von dem Fremden, der ihr schließlich zu Hilfe kam. William traf auf diesen Mann und lief mit dem Handschuh im Fang vor ihm hin und her, wobei er leicht grummelte. Das hört sich jetzt an wie eine Szene aus der Serie Lassie. Als Hundetrainerin sage ich den Leuten zwar immer, dass Hunde nicht so reagieren wie dieser Fernsehstar, doch in diesem Fall traf es tatsächlich zu. Nachdem William sich nicht beirren ließ, dachte sich der Mann, er sollte vielleicht doch einmal mit dem Hund gehen und nachschauen, was denn passiert sei. William führte den Helfer sofort zu seinem überglücklichen Frauchen, das so aus ihrer misslichen Lage befreit werden konnte. Der BBH hatte das ihm nicht bekannte

Kommando zur vollsten Zufriedenheit befolgt. Dieser Vorfall, so erzählte mir Pia, habe sie und William zu einem starken Team zusammengeschweißt. Offensichtlich hat William von diesem Tag an verstanden, dass sein Frauchen ihn wirklich brauchte.

Der Hund als Mittler

Hunde sind gute Mittler zwischen Behinderten und Nicht-Behinderten. Viele Nicht-Behinderte wissen oft nicht, wie sie einem Rollstuhlfahrer entgegen treten können. Sie sehen in erster Linie die Behinderung ihres Gegenüber. Der Mensch dahinter wird nicht wahrgenommen. Das erzeugt eine Hemmschwelle, mit ihm wie mit anderen über neutrale Themen zu sprechen. Ein Hund erleichtert beiden, ob Behinderten oder Nicht-Behinderten, diese Hemmschwelle zu überwinden. Ein Beispiel: Wenn man im Rollstuhl in der Stadt unterwegs ist, wird man entweder nicht beachtet oder – noch schlimmer – verachtet. Wird der Rollstuhlfahrer aber von einem Hund begleitet, gehen viele Nicht-Behinderte auf den Rollstuhlfahrer zu und fangen ein Gespräch über seinen Hund an. Oft beginnt das nach dem Motto: Sie haben aber einen hübschen Begleiter, Freund und Helfer... Auf der anderen Seite zwingt der Hund den Rollifahrer, aus seiner eventuell vorhandenen Isolation auszubrechen, da er mit seinem BBH dreimal täglich spazieren gehen muss. Auf diese Weise lernt der Behinderte andere Hundebesitzer kennen, kommt mit ihnen ins Gespräch und schließt sich ihnen zum gemeinsamen Spaziergang an. Hundebesitzer haben sich immer etwas zu erzählen. Beim gemeinsamen Thema Hund ist der Behinderte ein Hundebesitzer von vielen, die Behinderung tritt in den Hintergrund. Viele Betroffene haben berichtet, wie glücklich sie darüber sind, endlich wieder Verantwortung zu tragen. Von ihren Angehörigen wird ihnen wo auch immer geholfen, was aber dazu führen kann, dass die Behinderten ihr Selbstbewußtsein verlieren können. Für ihren BBH müssen sie selbst die Verantwortung tragen, was oft ihr Selbstwertgefühl stärkt.

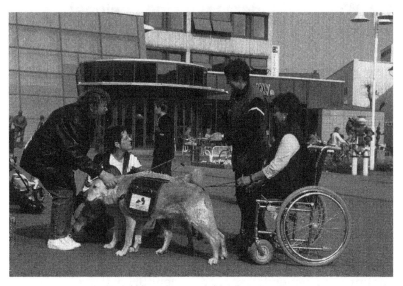

Mit Hund kommt man viel leichter ins Gespräch

Unterschied zwischen BBH und Blindenführhund

Im Gegensatz zum Blindenführhund übernimmt der BBH nicht die Verantwortung für seinen Menschen. Der Blindenführhund ist geschult, selbständig Gefahren auf seinem Weg zu erkennen. Sollte auf der gewohnten Strecke eine Baugrube ausgehoben worden sein, so muss er den Blinden sicher an dieser vorbei führen. Die Straße darf ein Blindenführhund erst überqueren, wenn kein Auto mehr naht. In diesen Fällen trifft der Hund die Entscheidungen selbst, so wie er es erlernt hat. Selbst wenn sein Herrchen ihm ein anderes Kommando gibt, muss er dies missachten. Man nennt dies die intelligente Gehorsamsverweigerung. Dem BBH wird sie nicht antrainiert. Der Rollstuhlfahrer hat in jeder Situation die Verantwortung für seinen Hund. Der BBH führt nur die Kommandos aus, die der Rollifahrer ihm gibt.

1.2. Welche Hunderassen sind geeignet, welche nicht

Wichtiger als die Rasse sind Charakter und Gesundheit des Hundes

Die Frage nach der Hunderasse steht nicht im Vordergrund, wenn es um den geeigneten BBH geht. Wichtig sind vielmehr seine Charaktereigenschaften, die auch bei Rassehunden von Tier zu Tier sehr stark variieren können. Zum BBH eignen sich Hunde, die menschenfreundlich sind und den Willen haben zu gefallen. Sie dürfen weder aggressiv noch ängstlich sein. Ganz wichtig ist, dass zukünftige BBHs einen ausgeprägten Spieltrieb zeigen. In der Regel werden ruhigere Hunde bevorzugt, aber auch temperamentvollere Hunde sind durchaus geeignet, es kommt dann immer darauf an, dass der BBH und der/die Behinderte zueinander passen.

Die gute Gesundheit spielt eine ebenso große Rolle bei der Auswahl eines Hundes. Das Augenmerk muss hierbei auf Schwachstellen wie Hüften und Ellenbogen liegen, die vom Tierarzt geröntgt werden müssen. Kommt beim Röntgen nur der Verdacht auf Hüftdysplasie auf, so kann man das noch durchgehen lassen. Stellt der Arzt hingegen bei einem Hund bereits in jungen Jahren eine mittelschwere Hüftdysplasie fest, so ist dieses Tier für die Arbeit des BBH nicht geeignet. Manchmal offenbaren die Untersuchungen beim Tierarzt auch Fehlstellungen und Erkrankungen der Wirbelsäule. Außerdem untersucht der Arzt die Ellenbogen des Hundes, um auch dort Schwächen herauszufinden. Von zwanzig Hunden bestehen erfahrungsgemäß nur vier den charakterlichen Eignungstest. Die Hälfte von ihnen fallen dann aufgrund der tierärztlichen Untersuchung noch durch. So bleiben in der Regel nur zehn Prozent der einmal getesteten Hunde für die Ausbildung zum BBH übrig.

Ein weiterer Aspekt bildet die körperlichen Voraussetzungen, die der BBH eines Rollstuhlfahrers oder eines gehbehinderten Menschen mitbringen muss. Eine Schulterhöhe von 50 cm sind erforderlich, damit der zukünftige BBH die notwendigen Hilfestellungen geben kann, wie zum Beispiel Lichtschalter betätigen oder dem/der Behinderten beim Aufstehen als Stütze dienen. Letzteres setzt auch eine gewisse Statur voraus, allzu zierlich sollte ein BBH nicht gebaut sein. Im Prinzip möchte man den idealen Familienhund für diese Ausbildung finden.

Geeignete Hunderassen

Heute sind die bevorzugten Rassen in dieser Hinsicht die Retriever, sowohl Labrador Retriever als auch Golden Retriever. „Der Labrador Retriever ist zwischen 25 und 34 Kilogramm schwer, hat eine Schulterhöhe von 54 bis 57 cm. Das Haarkleid ist mäßig kurz und dicht, daher auch sehr pflegeleicht. Der Wunsch zu gefallen charakterisiert den Labrador wahrscheinlich am meisten. Insgesamt ist dieser Hund hart im Nehmen, hat ein ausgeglichenes Wesen, hohe Intelligenz, besitzt starke natürliche Veranlagung zum Apportieren. Sein liebevolles Wesen machen den Labrador zum Lieblingsfamilienhund, der das ganze Jahr über mit den Kindern herumrennen kann." (diese und die folgenden Beschreibungen der Rassen in diesem Kapitel habe ich entnommen aus: Kynos Atlas Hunderassen der Welt, Kynos Verlag 1991) Wer solch einen tollen Partner an seiner Seite haben kann, wird bald merken, wenn er in der Erziehung irgend etwas falsch macht. Der Labrador reflektiert sehr wohl, ob er richtig behandelt wird oder man ungerecht zu ihm ist.

Der Golden Retriever: Gewicht 27 bis 34 Kilo, Schulterhöhe 51 bis 61 cm. „Der moderne Golden Retriever ist ein wunderbar vielseitiger Hund. Er ist ein guter Apportierhund und ist ein besonders liebevoller, leicht zu haltender und angenehmer Familienhund. In den USA dominiert der Golden in Unterordnungswettbewerben aufgrund seiner Bewegungsfreude, schnellen Reflexen, Präzision, leichter Erziehbarkeit und seinem immer vorhandenen Wunsch, seinem Führer zu gefallen." Vergleicht man die beiden Retrieverrassen, so ist der Golden Retriever etwas ruhiger, hat aber einen etwas sensibleren Charakter als der Labrador. Das bedeutet, dass der Golden in manchen Situationen dazu neigt, eher ängstlich oder zurückhaltend zu reagieren. Der Labrador hingegen ist temperamentvoller, aber wesensstärker.

Flat-Coated Retriever: „Gewicht 25 bis 35 Kilo, Schulterhöhe 56 bis 61 cm. Der Flat-Coated ist ein nahe bei seinem Herrn arbeitender, ruhiger, gehorsamer Hund. Liebhaber von Unterordnungsprüfungen entdecken gerade seine hervorragenden Qualitäten hinsichtlich Präsentation, leichter Erziehbarkeit und Unterordnungsfreude, die ihn zu einem Spitzenwettbewerber machen. Der Flat-Coated ist ein angenehmer Familienhund, ordnet sich leicht unter, aber er braucht angemessene Bewegung, um fit zu bleiben." Diese Charaktereigenschaften machen den Flat-Coated zu einem guten BBH. Man braucht aber eine konsequente und zugleich sehr einfühlsame Hand für diesen Hund und muss genau hinschauen, welchem Menschen man den Flat-Coated gibt.

Die ersten Blindenführhunde waren Deutsche Schäferhunde. „Gewicht 34 bis 43 Kilogramm, Schulterhöhe 55 bis 65 cm. In nahezu allen Ländern dieser Erde ist die Rasse bekannt, wird aufgrund ihrer Intelligenz, leichter Ausbildungsfähigkeit, Anpassungsfähigkeit und Schneid hoch geschätzt. Ein Schäferhund ist bereit, bis zur Aufopferung seines eigenen Lebens alles für den, den er liebt zu tun. Die Rasse betet die eigenen Familienmitglieder an, ist von Natur aus zuverlässiger Schutz von Mensch und Eigentum." Der erwünschte Schutztrieb, den der Deutsche Schäferhund rassemäßig aufweisen soll, widerspricht im Grunde genommen den Anforderungen an einen BBH. Der BBH soll jeden Fremden jederzeit an seinen Behinderten herankommen lassen, damit eventuell Hilfe geleistet werden kann. Beim Eignungstest muss daher genau darauf geachtet werden, dass der Schutztrieb bei dem zukünftigen BBH nicht ausgebildet ist. Andererseits besticht der Schäferhund durch seine schnelle, hohe Auffassungsgabe. In Retrieverkreisen spricht man davon, dass ein Schäferhund die Begleithundeprüfung schon ablegt, wenn ein Labrador noch nicht einmal geradeaus gehen kann. Der Labrador ist bekanntermaßen ein Spätentwickler. Der Schäferhund lernt seine Aufgaben als BBH mit faszinierender Leichtigkeit. Er ist aber auch ein Ein-Mann-Hund, der sehr auf seine

Familie, seinen Menschen fixiert ist. Er verkraftet den Wechsel (vom Trainer zum behinderten Menschen etwa) nicht so gut wie zum Beispiel ein Retriever. Der Trainer sollte den Schäferhund seinen Menschen selbst aussuchen lassen, wie es in den USA teilweise praktiziert wird. Hat der Schäferhund seinen Menschen einmal akzeptiert, wird er ihm treu ergeben sein.

Der Collie, Gewicht 18 bis 30 Kilogramm, Schulterhöhe 51 bis 61 cm. „Der Collie ist ein vorzüglicher Kinderhund, immer bereit, Liebe und Bewunderung zu schenken und anzunehmen. Diese Hunde sind mit ihrer Familie freundlich und liebenswürdig, auch für Erwachsene eine gute Wahl. Collies lieben ihre Familien, sind bereit, alle Arten von Mühsalen zu ertragen, um mit den Menschen zu sein." Der Collie ist ein intelligenter und aufmerksamer Hund, der gerne arbeitet und sich über Beschäftigung freut. Er ist leicht erziehbar und ordnet sich gerne dem Menschen unter. Alles Merkmale, die einen guten BBH auszeichnen sollen. Hinderlich ist, dass der Langhaarcollie zuviel Pflege braucht, was einem Behinderten schwer fallen könnte. Häufiges Bürsten ist beim Langhaarcollie nötig, damit sein Fell nicht verfilzt und seidig bleibt, wie man es von einem gut gepflegten Hund erwartet. Deshalb ist der Kurzhaarcollie für diese Tätigkeit besser geeignet. Beim Collie muss man außerdem darauf achten, dass seine hohe Sensibilität zur Ängstlichkeit führen kann, was bei einem BBH nicht sein darf. Nur sehr wesensfeste Collies dürfen für die Aufgabe als BBH ausgewählt werden.

Der Border Collie: Gewicht 14 bis 20 Kilo, Schulterhöhe 51 bis 55 cm. Der Border Collie ist leicht erziehbar und sehr auf einen Menschen fixiert. „Mit einem Border Collie zusammen zu leben ist wie einen ständigen Schatten neben sich zu haben." Durch den ständigen Blickkontakt, den der Border Collie mit seinem Menschen sucht, ist er bereit und immer aufmerksam, um Kommandos auszuführen. Diese Collies sind intelligente und schnell lernfähige Hunde, aber sie brauchen viel Auslauf und immer eine Beschäftigung. Der Border Collie kommt immer öfter zum Einsatz für BBH. Ich hatte leider noch nicht das Vergnügen, einen Border Collie ausbilden zu können, hofft aber, dass ich auch mit dieser Rasse noch Erfahrungen sammeln werde.

Der Vizsla: Gewicht 20 bis 30 Kilo, Schulterhöhe 53 bis 64 cm. „Dieser ungarische Vorstehhund ist als Allroundhund gezüchtet. Vizslas sind freundliche Hunde, auch unterordnungsbereit, aber nicht geeignet für harte Erziehung. Ihr Wesen wird durch ihren ungarischen Namen charakterisiert: Vizsla, was munter und aufmerksam bedeutet." Der Vizsla ist ein unheimlich intelligenter Hund, lernt sehr schnell, ist aber auch ähnlich wie ein hyperintelligentes Kind schnell gelangweilt. Das macht ihn zu einer Herausforderung für jeden Trainer. Man muss sich immer wieder etwas Neues einfallen lassen, um diesem Hund gerecht zu werden. Ein Vizsla ist ein besonderer Hund und das weiß er auch. Ungerechte Behandlung nimmt er übel. Dann verweigert er alles. Er ist auch ein Meister im Wegschauen, nach dem Motto: Was ich nicht sehe, muss ich auch nicht machen. Aber was er einmal kann, wird er nie wieder verlernen. Der Nachteil dieser Rasse ist ihr kurzes Haarkleid, was dazu führt, dass der Vizsla sehr schnell friert. Steht man dazu, kann man es im Winter mit einem wärmenden Deckchen versuchen. Der Vizsla wird ihnen dafür dankbar sein. Ich habe bisher eine Vizsla-Hündin ausgebildet und das Problem im Winter so gelöst, dass ich für sie eine Kennzeichnungsdecke nicht nur für die Schultern, sondern für den ganzen Körper anfertigen ließ. Somit ist sie als BBH gekennzeichnet und niemand sieht der Decke an, dass sie eigentlich zum Wärmen gedacht ist. Die Vizslas suchen und brauchen immer Körperkontakt. Dadurch wird eine innige Beziehung zum Menschen hergestellt.

Beim Pudel ist nur der Großpudel, auch Königspudel genannt, von seiner Körpergröße als BBH geeignet. Seine Schulterhöhe beträgt zwischen 45 und 58 cm. Macht man sich von den allgemein herrschenden Vorstellungen über den Pudel frei, so ist er ein sehr interessanter Hund. Er wurde früher wegen seiner hervorragenden Spürnase als Jagdhund und Suchhund für Trüffel eingesetzt. Die Vorliebe des Adels für den Pudel führte dazu, dass er gestylt wie ein Model zum schönen Accessoire degradiert wurde. Im Zirkus waren und sind Pudel aber immer schon wegen ihrer Intelligenz und Gelehrigkeit die beliebtesten Hunde. „Wahrscheinlich ist der Großpudel der älteste aller

Pudelschläge, zahlenmäßig war er aber immer der kleinste. Vieles spricht für den modernen Großpudel. Insbesondere, dass er ein athletischer, gut gebauter Hund ist, auch in der Stadt ein vorzüglicher Lebensgefährte. Seine lange Geschichte als Familienhund lässt ihn zu Hause zum echten Gentleman werden." Am Ende meiner Ausbildung bei „NEADS" habe ich auch mit einem Großpudel Erfahrungen gesammelt. Er hat mich mit seiner ruhigen, fast aristokratischen Art so sehr beeindruckte, dass ich gerne solch ein Tier zum BBH ausbilden würde. Noch ein Gesichtspunkt spricht für den Pudel: Da er keine Haare verliert, ist er für Allergiker bestens geeignet.

Der Elo ist eine neue Hunderasse, die von der Fédération Cynologique Internationale (FCI) nicht anerkannt ist. Die Elo Zucht- und Forschungsgemeinschaft e.V. (EZFG) hat sich seit Anfang der 90er Jahre zum Ziel gesetzt, den idealen Familienhund zu züchten. Das Aussehen der Hunde ist noch nicht so egalisiert wie bei alteingesessenen Rassen. Der Elo hat eine Schulterhöhe von 50 bis 63 cm. Er stammt vom Eurasier, dem Bobtail und dem Chow-Chow ab. Um zur Zucht zugelassen zu werden, werden die Wesenszüge dieser Hunde sehr genau überprüft und in der Praxis getestet. Die Hunde sollen beispielsweise keinen starken Jagdtrieb besitzen. Um das herauszufinden, werden die Elos auf einer Wiese an einem Kaninchenkäfig vorbei geführt, in dem ein offensichtlich Elo-erfahrenes Kaninchen sitzt. Sollte sich ein Hund zu stark für das Kaninchen interessieren, wird er von der Zucht ausgeschlossen. Da auch bei einem BBH der Jagdtrieb nicht zu sehr ausgeprägt sein sollte, habe ich seit Jahren die Zuchtversuche der Elos mit Interesse beobachtet. Ich habe sie persönlich auf ihre Eignung zum BBH hin getestet. Anfangs waren nur sehr wenige Hunde zum BBH geeignet, was sich bis 2001 grundlegend änderte. In diesem Jahr waren überdurchschnittlich viele von mir getestete Elos zur BBH-Ausbildung geeignet, mehr als bei anderen Rassen. Leider wollte mir keiner der Elo-Besitzer solch einen Hund abgeben. Der EZFG will mir jedoch bald einen geeigneten Hund zur Verfügung stellen, um ihn als BBH ausbilden zu lassen.

Diese Aufstellung von Hunderassen, die für die Arbeit eines BBH geeignet sind, hat natürlich keinen Anspruch auf Vollständigkeit.

Mischlinge und Kreuzungen

Auf jeden Fall muss man aber noch die Mischlingshunde erwähnen. Sie sind genauso gut oder schlecht wie Rassehunde. Sie sind weder gesünder noch kranker als Rassehunde. Bei der Auswahl eines Mischlingshundes hat man manchmal den Nachteil, dass die Großeltern des Hundes nicht bekannt sind, man also nicht direkt einschätzen kann, welche Wesensarten in ihm vereint sind. Daher müssen Mischlingshunde sehr sorgfältig getestet werden, denn sie erben sowohl positive als auch negative Eigenschaften ihrer Vorfahren. Ich habe schon Mischlingshunde zu sehr guten BBHs ausgebildet.

Die Engländer und Amerikaner haben herausgefunden, dass die Kreuzung zwischen Labrador und Golden Retriever die besten Arbeitshunde hervorbringt. Die Welpen einer Labradorhündin und eines Golden Retriever Rüden vereinen die gewünschten Wesensmerkmale des BBH aufs Beste. Der Labrador bringt seine Wesensfestigkeit mit ein. Er ist nicht ängstlich, ihn bringt so schnell nichts aus der Ruhe. Er besitzt auch nicht die Eigensinnigkeit des Golden Retriever und möchte dem Menschen sogar noch mehr gefallen als der Golden. Dagegen bringt der Golden Retriever sein ruhiges Temperament ein, das gerade bei der Arbeit eines BBH sehr nützlich ist. Leider hat man feststellen müssen, dass nur die erste Generation dieser Kreuzung für die Arbeit geeignet ist. Die zweiten und dritten Generationen verlieren die guten Eigenschaften von beiden Rassen. Man kann sich unschwer ausmalen, wie zeitaufwendig und kostenintensiv solch eine Studie sein muss. Es wäre daher wünschenswert, wenn zur Förderung – und Züchtung – der bestmöglichen BBHs ähnliche Zuchtprojekte finanziell unterstützt würden. In Deutschland ist es generell nicht möglich, solche Zuchthunde der ersten Generation zu erwerben, da der Deutsche Retriever

Club (DRC) diese Arbeitskreuzung zwischen Labrador und Golden prinzipiell verbietet.

Rassen, die sich nicht zum BBH eignen

Nicht nur der Charakter und die Wesensmerkmale eines Hundes sind hierbei entscheidend. Ist ein Hund zu aggressiv oder zu ängstlich, kann er die Arbeit eines BBH nicht verrichten. Ich bilde bestimmte Rassen auf keinen Fall aus, weil sie einen zu schlechten Ruf in der Bevölkerung haben. Dazu zähle ich alle Kampfhunderassen, zum Beispiel den American Staffordshire Terrier. Manche Liebhaber dieser Rasse plädieren dafür, dass der Staffordshire der ideale BBHs wäre. Sein schlechter Ruf als Kampfhund eilt ihm jedoch stets voraus, so dass die Menschen Angst vor ihm haben. Er könnte vielleicht als Helfer fungieren, aber sicherlich nicht als Mittler zwischen Behinderten und Nicht-Behinderten. Auch Rottweiler würde ich nicht ausbilden, obwohl es bei dieser Rasse sicherlich geeignete Hunde gibt. Der Rottweiler ruft ähnlich wie der Staffordshire bei der Mehrzahl der Bevölkerung ängstliche Gefühle hervor, was ihn für mich grundsätzlich als BBH ausschließt.

1.3. Auswahl des erwachsenen Hundes

1.3.1. Wie gehe ich auf Suche

Der übliche Weg ist der, dass ich Anzeigenblätter, in denen die Anzeige nichts kostet, nach geeigneten Hunde durchforste. Wenn eine meiner bevorzugten Rassen drin steht und der Hund zwischen 10 und 20 Monaten alt ist, setze ich mich mit den Besitzern in Verbindung. Ich melde mich auch auf Annoncen, die mich ansprechen, auch wenn die Rasse des Hundes daraus nicht ersichtlich ist oder es sich um einen Mischling handelt. Per Telefon erkläre ich den Besitzern, was ich mit dem Hund vorhabe, erzähle ihnen von der Ausbildung und der Arbeit. Es kann passieren, dass daraufhin Besitzer mit den Worten: Mein Hund soll nicht arbeiten! kategorisch ablehnen, ihn mir zu verkaufen. Darin äußert sich die Unkenntnis der Menschen, denn Hunde arbeiten gern. Gegen diese Einstellung kann man aber nicht ankommen. Sollte der Besitzer mit meinem Vorhaben einverstanden sein, so versuche ich vorab am Telefon so viel Fragen wie möglich zu klären, um unnötige Autofahrten zu vermeiden. Berichtet der Besitzer ganz stolz, dass der Hund das Haus gut bewacht und keinen hineinlässt, ist das für mich ein Grund, mir den Hund gar nicht anzusehen. Des Weiteren frage ich den Besitzer, wie der Hund mit Kindern und seinen eigenen Artgenossen umgeht. Sobald ich den Eindruck habe, dass dieser Hund geeignet sein könnte, so fahre ich möglichst sofort dort hin, denn gute Hunde sind schnell weiter vermittelt. Innerhalb von einer bis zwei Stunden fahre ich zu den Leuten, wobei mir kein Weg zu weit ist. Ich fahre manchmal hunderte von Kilometern, um einen Hund zu testen. Es kann auch sein, dass die Besitzer meiner Arbeit als BBH-Trainerin positiv gegenüberstehen und mir den Hund ein paar Tage lang reservieren. Manchmal werde ich auch von Züchtern angesprochen, wenn sie einen erwachsenen Hund haben, der aus bestimmten Schönheitsgründen oder anderen nicht rassespezifischen Merkmalen zur Zucht nicht zugelassen ist. Diese Hunde können durchaus erfolgreiche BBHs werden. Eine weitere Quelle ist das Internet, wo man die einschlägigen Hunderassen mit ihren Welpenvermittlungen findet. Auch diese Welpenvermittlungen müssen manchmal erwachsene Hunde aus familiären oder anderen Gründen abgeben. Im Internet kann man auch Tierschützer finden, die Hunde in Not vermitteln. Hier stellt sich bisweilen die Schwierigkeit, dass die Tierschützer oft ganz präzise Vorstellungen haben, zu wem sie den Hund vermitteln wollen. Teilweise lehnen sie es ab, dass der Hund arbeitet, oder wollen ihn in ihrer Umgebung wissen. Die Tierheime darf man auch nicht vergessen, denn dort gibt es bestimmt genügend Hunde, die sich für eine Ausbildung zum BBH eignen. Eine gute Beziehung zu einem Tierheim erspart dem BBH-Trainer viel Arbeit beim Suchen. Sobald ein Hund eingeliefert wird, der eventuell den Erwartungen eines BBH entspricht, kann sich das

Tierheim beim Trainer melden. Weniger erfolgversprechend ist es, wenn das Tierheim nur anbietet, dass man sich mal umsehen kann. Ich habe damit keine guten Erfahrungen gemacht. Es ist nervenaufreibend an den Zwingern vorbeizugehen, wo jeder Hund den traurigen Nimm-mich-mit-Blick hat, und zudem sehr zeitaufwendig. Es kann passieren, dass man schließlich ein passendes Tier gefunden und getestet hat, nur um im nachhinein zu erfahren, dass der Hund schon fünf Jahre alt ist. Ich persönlich gehe nicht mehr ins Tierheim, wenn mir nicht ein bestimmter Hund angeboten wird. Aus eigener Erfahrung weiß ich, dass ich im Tierheim die Hunde nicht so emotionslos und objektiv testen kann, wie es sein sollte. Mir tun die verlassenen Hunde so leid, dass bei mir die Gefahr besteht, einen Hund mitzunehmen, selbst wenn er nicht so gut zum BBH geeignet ist. Ich habe einmal diesen Fehler gemacht und daraus gelernt.

Um als BBH geeignet zu sein, muss der Hund auch fremde Menschen an sich heran lassen. Wie hier Jana

1.3.2. Eignungstest

Ist erst einmal ein Hund über Anzeige oder auf anderem Weg gefunden, so folgt der Besuch bei ihm zu Hause, wo ich ihn auf seine Eignung teste. Der Test beginnt sozusagen schon an der Haustür. Speziell für diesen Besuch ziehe ich mir meistens einen etwas größeren Hut oder eine größere Kappe auf. Als erstes achte ich darauf, wie der Hund reagiert, wenn ich an der Tür läute und eintrete. Verbellt er mich oder begrüßt er mich freudig? Er darf ruhig an mir hoch springen, obwohl ein gut erzogener Hund das eigentlich nicht machen sollte. Ich werte das nicht als negativ, sondern freue mich eher über eine liebe Begrüßung. Leider pfeifen die Besitzer ihre Hunde oft zurück, wenn sie hoch springen oder um mich herumschwänzeln. Ich mag das nicht, weil dadurch die für mich wichtige spontane Reaktion des Hundes unterbunden wird. Nach der Begrüßung kommt meine Kopfbedeckung ins Spiel, die ich mit einer großen, ausladenden Geste abziehe. Es ist schon passiert, dass ein Hund mich daraufhin aggressiv anbellte und der Besuch für mich quasi beendet war. Während ich mich mit den Besitzern unterhalte, lasse ich den Hund nicht aus den Augen. Sein Verhalten in Anwesenheit eines Fremden sagt viel über ihn aus. Ist er zutraulich, versteckt er sich oder zeigt er überhaupt kein Interesse an mir? Im Gespräch mit dem Besitzer erfrage ich, ob der Hund schon eine Ausbildung hat, ob er gesund ist und alles fressen kann, und warum er abgegeben wird. Sobald sich der Hund etwas beruhigt hat, und ich die gewünschten Informationen von seinem Besitzer erhalten habe, beginne ich mit dem Test. Er kann im Haus stattfinden, obwohl ich den Garten dafür bevorzuge, weil ich dort in der Regel mehr Platz habe. Es sollte auf jeden Fall ein ruhiger Ort sein, damit der Hund nicht zu leicht abgelenkt werden kann. Um seine Toleranz zu überprüfen, reiße ich ihm ein paar Haare am Ansatz seiner Rute aus. Ich wiederhole den Vorgang immer einmal, damit ich sicher sein kann, dass der Hund das auch gemerkt hat. Kein Hund mag es, wenn man an seinem Hinterteil herumzupft. Will er nach hinten schnappen, so ist der Hund für meine Zwecke bereits nicht mehr akzeptabel. Das gilt auch für Hunde, die sehr ängstlich auf diese Behandlung reagieren. Mir ist es am liebsten, wenn der Hund gar nicht reagiert oder mich schwänzelnd ableckt nach dem Motto: Och komm, lass das doch! Als nächstes überprüfe ich das Dominanzverhalten. Dazu knie ich mich neben den Hund und lege einen Arm auf seine Schultern und versuche, ihn auf den Boden hinunter zu drücken. Man kann dabei dem Hund gut zureden, soll ihm aber auf keinen Fall das Kommando Platz oder down geben. Bei diesem Test muss man sehr genau den Hund beobachten und notfalls bereit sein, das Gesicht sehr schnell in Sicherheit zu bringen. Ich bin noch nie von einem Hund gebissen worden, schreibe das aber meiner guten Konzentration in solchen Situationen zu. Ein normal veranlagter Hund schnappt nicht einfach zu, sondern warnt mich zuerst, indem er knurrt oder auch nur die Lefzen ganz leicht hoch zieht. Sollte der Hund so reagieren, stoppe ich sofort und der gesamte Test ist beendet, weil dieses Tier für mich nicht geeignet ist. Sollte der Hund sich bisher aber liebenswürdig und menschenfreundlich benommen haben und sich nur passiv gegen das Herunterdrücken stemmen, so wiederhole ich den Test noch einmal am Ende meines Besuchs, wenn er mich schon etwas besser kennen gelernt hat. Am liebsten ist mir natürlich, wenn der Hund sich freiwillig mit mir auf den Boden legt. Ich lobe ihn dann sofort und schmuse mit ihm. Um die Unerschrockenheit beziehungsweise Ängstlichkeit des Hundes zu überprüfen, lasse ich eine andere Person überraschend einen Schirm öffnen, während ich mit dem Hund an ihr vorbei gehe. Der Hund darf natürlich bei diesem Test erschrecken. Je temperamentvoller ein Hund ist, desto größer wird der Satz sein, den er macht. Danach sollte er wieder zum Schirm gehen und ihn untersuchen, wobei er sich weder ängstlich noch aggressiv verhalten darf. Im zweiten Teil des Eignungstests wird überprüft, ob der Hund willig ist, für einen Fremden zu arbeiten. Mit dem Hund an der Leine gehe ich ein Stück. Dabei soll der Hund bei Fuß gehen und auf die Kommandos Sitz und Platz hören. Sollte der Hund bereits eine Ausbildung absolviert haben, so dürfte das für ihn kein Problem sein. Das ist aber nicht entscheidend, da auch Hunde, die noch nicht so gut folgen, mit Hilfe des Trainers die

Kommandos ausführen können. Wichtig ist vor allem der Arbeitswille des Hundes. Wenn er willig zum Trainer aufschaut und damit zu erkennen gibt, dass er wissen möchte, was der Trainer von ihm will und bereit ist, das auszuführen, so ist es gleichgültig, wie lange er braucht, bis er das Kommando „Sitz" verstanden und befolgt hat. Wenn ein Hund hingegen nur desinteressiert in die andere Richtung schaut und keine Bereitschaft zur Mitarbeit zeigt, scheidet er als BBH aus. Der Arbeitswille wird noch etwas intensiver getestet. Der Hund sollte einen geworfenen Ball, ein Apportierholz oder einen Dummie auf jeden Fall aufnehmen und - idealerweise – zu mir bringen. Auf ganz einfache Art kann man einen ersten Hinweis auf die Gesundheit des Hundes bekommen. Ich animiere den Hund mit einem Leckerli in der Hand dazu, an einer Mauer oder einem Baum hoch zu springen. Springt der Hund nicht gerne hoch, so kann das ein Hinweis auf Hüftprobleme sein. Lässt er sich gar nicht hochlocken, so ist er für die Arbeit eines BBH, der Licht- und Liftschalter betätigen muss, ungeeignet. Ein BBH muss für seinen Rollstuhlfahrer manchmal auch Gegenstände in einem Rucksack transportieren. Deshalb lege ich meinem Testhund einen Rucksack über die Schultern. Die meisten Hunde sind dies nicht gewöhnt. Wiederum ist die Reaktion ausschlaggebend. Der Hund darf sehr wohl erschrecken, aber nicht in Panik verfallen. Nach einer Weile muss der Hund sich wieder beruhigen und mit dem Rucksack ein paar Schritte gehen. Sollte kein Rucksack zur Hand sein, so erfüllt eine Jacke den gleichen Zweck. Zum Schluss überprüfe ich mit mehreren Mitteln die Neugierde und die Intelligenz des Hundes. Zuerst kommt der Spiegel, den ich ihm vor die Nase halte. Für viele Hunde mag es die erste Erfahrung mit einem Spiegel sein. Erschrickt der Hund, bellt er oder wird wütend, so ist er für meine Zwecke wiederum nicht der richtige. Stellt er sich hingegen interessiert vor den Spiegel oder fahndet hinter dem Spiegel sogar nach dem Rest des anderen Hundes, so spricht mich der Hund an. Es ist lustig zuzuschauen, wenn einige Hunde den Kopf von links nach rechts drehen und sich wundern, dass ihr Gegenüber im Spiegel dasselbe macht. Dann binde ich ein Papiertaschentuch an eine Schnur und lasse es vor seiner

Schnauze hin und her hüpfen. Er sollte sich für das hüpfende Ding interessieren, ihm nach laufen und vielleicht auch hinein beißen. Ein Windspiel über den Kopf des Hundes gehalten, sollte ebenfalls seine Neugierde erwecken. Damit ist die Testreihe beendet. Falls der Hund sich zu Beginn gegen das zu Boden drücken gewehrt haben sollte, wiederhole ich diese Übung noch einmal. Meistens gelingt es beim zweiten Mal. Wenn sich ein Hund bei diesem Herunterdrücken nur dagegen stemmt ansonsten aber freundlich bleibt und der übrige Test hervorragend gelaufen ist, werde ich ihn trotzdem übernehmen. Ich kann dieses Verhalten verstehen: Ein für ihn völlig Fremder kommt daher – und das nur eine halbe Stunde lang – und drückt ihn mit einem völlig aggressiven Dominanzverhalten zu Boden. Sobald der Hund meinen Eignungstest gut bestanden hat, kommt es auf mein Verhandlungsgeschick an. Sollte der darauf folgende Gesundheitscheck beim Tierarzt nämlich negativ ausfallen, muss ich den Hund wieder zu seinem Besitzer zurück bringen können. Ich rufe den Tierarzt noch während meines Besuches beim Hundebesitzer an und vereinbare möglichst direkt einen Termin. In Bezug auf den Preis kann von spontanen Geschenken bis zu einem relativ hohen Betrag alles passieren. Den hier beschriebenen Test auf die Eignung eines Hundes zum BBH habe ich bei NEADS in Amerika kennen gelernt.

Charlie besteht den Dominanztest und legt sich bereitwillig mit auf den Boden

1.3.3. Der Gesundheitscheck beim Tierarzt

Ich lasse alle Hunde, die den Eignungstest bestanden haben, vom Tierarzt gründlich durchchecken. Für die nun folgende Beschreibung der Untersuchung habe ich meine Tierärztin um fachlichen Rat und Mithilfe gebeten, wozu sie gerne bereit war. Ganz wichtig ist das Röntgen der Hüften, um die Gefahr einer mittelschweren oder schweren Hüftdysplasie, die die Arbeit als BBH meines Erachtens unmöglich macht, auszuschließen. Dafür muss der Hund zur guten Beurteilung genau symmetrisch auf dem Rücken gelagert werden, die Hinterbeine sind gestreckt und werden genau parallel gehalten. Für die offiziellen HD-Aufnahmen (Untersuchung auf Hüftdysplasie für den Zuchtverband) muss der Hund zur besseren Lagerung unter Narkose sein. Da dies für meinen Verwendungszweck nicht notwendig ist, erspare ich meinen Hunden möglichst den Streßfaktor Narkose. Beim Röntgen beurteilt der Tierarzt zunächst die Hüftköpfe. Zeigt das Röntgenbild bei den Knochen feine Linien, so ist das bereits ein Hinweis auf Arthrose. Dann wird beurteilt, wie tief der Hüftkopf in der Hüftpfanne liegt. Die Pfannenränder werden nach Hinweisen auf Arthrose untersucht. Besonderes Augenmerk wird auch auf die Lendenwirbelsäule und speziell den Übergang zum Kreuzbein gelegt, da dort auch oft Probleme auftauchen können. Es gibt Hundezüchterverbände, die zusätzlich noch ein Röntgenbild in aufgeklappter Lage, der Froschhaltung, verlangen. Bei der aufgeklappten Haltung sind die Hüftköpfe gut zu sehen, doch für den Norbergwinkel, an dem man sieht, wie gut der Hüftkopf in der Pfanne sitzt, ist nur die gestreckte Haltung beim Röntgen geeignet. Ich übernehme nur Hunde in die Ausbildung, die ganz gesund sind oder nur einen Verdacht auf leichte Hüftdysplasie haben. Die Hüften werden eingeteilt in frei, Verdacht, leicht, mittelschwer und schwere Hüftdysplasie. Manche andere Ausbildungsstätten bilden auch Hunde mit mittelschwerer Hüftdysplasie aus. Da ich meine Hunde meistens ohne Narkose auf Hüftdysplasie röntgen lasse, will ich das Risiko nicht eingehen, dass es sich vielleicht doch um einen Grenzfall zur mittelschweren Hüftdysplasie handeln könnte. Allein aus diesem Grund nehme ich nur einen Hund, von dem mein Tierarzt mir bestätigt, dass höchstens eine leichte Hüftdysplasie vorliegt.

Auch bei den Ellenbogen gibt es die Dysplasie, die Probleme machen kann, insbesondere der Processus coronoideus, ein kleiner Knochenfortsatz, der sich manchmal ablöst, wodurch eine kleine Fraktur entsteht. Das passiert vor allem bei jungen Hunden im ersten Lebensjahr und muss meistens operiert werden, weil der Knochenfortsatz ansonsten massive Schmerzen und Lahmheit verursacht. Liegt solch ein Befund vor, so würde das bedeuten, dass der Hund als BBH nicht geeignet ist.

Zu dem Rund-um-Checkup gehören auch Herz und Lunge. Der Tierarzt untersucht die Herzfrequenz: Schlägt es regelmäßig, zu langsam oder zu schnell? Besonders intensiv müssen die Herztöne abgehört werden: Sind sie klar voneinander abgetrennt oder gibt es Geräusche, die nicht hingehören? Sollten die Herzklappen nicht richtig schließen, so ist das durch das Abhören gut feststellbar. Besteht aufgrund dieser Untersuchung ein Verdacht, dass etwas mit dem Herzen nicht in Ordnung ist, so macht der

Tierarzt zusätzlich ein EKG und röntgt eventuell auch noch den Brustkorb. Immer mit abgehört wird auch die Lunge. Sollte eine Herzerkrankung beim Hund vorliegen, so führt das oft zu Stauungen in der Lunge und zu Lungenödemen. Andererseits gibt es auch primäre Lungenerkrankungen, die sekundär auf das Herz gehen können. Wird an der Lunge eine Erkrankung festgestellt, so muss auch sie weiter, meistens durch Röntgen, untersucht werden. Die Untersuchung des Kots dient dazu, Parasiten zu finden, wie zum Beispiel Wurmeier, aber auch kleine einzellige Lebewesen wie Kokzidien und Giadien. Man sieht aber auch, ob Blut im Kot ist und wie gut die Verdauung bei dem Tier funktioniert. Finden sich unverdaute Futterreste im Kot, so kann das bedeuten, dass der Körper nicht genügend Zeit hat, gut zu verdauen, oder dass Enzyme für die Verdauung fehlen. Der Urin des Hundes wird darauf getestet, ob sich Blut darin befindet, ob Entzündungszellen enthalten sind. Wichtig ist auch der PH-Wert, das heißt der Säuregehalt, des Urins. Beim Fleischfresser soll er immer sauer sein. Außerdem liefert der Urin Hinweise auf Entzündungsprozesse, Diabetes, Lebererkrankungen. Relativ häufig sind beim Hund Ohrenentzündungen, meistens bedingt durch Milben. Aber auch anatomische Probleme wie ein zu enger Gehörgang, der zu wenig Luft ins Ohr hinein lässt, kann Entzündungen auslösen. Es können Polypen und Tumore im Gehörgang zu finden sein.
Erfahrungsgemäß wird durch den Gesundheitscheck die Hälfte der Hunde wiederum ausgemustert. Ich bin überglücklich, wenn es heißt, dieser Hund ist in Ordnung.

1.3.4. Übernahme zur Ausbildung und Unterbringung

Nun beginnt die schönste und spannendste Zeit mit dem Hund. Er kommt in die Ausbildung. Bei mir bedeutet dies, dass der Hund in mein Haus zu den anderen Hunden kommt und sich zuerst einmal in dieser neuen Gemeinschaft zurechtfinden muss. Es ist immer aufregend zu beobachten, wie die alten Hunde auf den Neuling reagieren und wie der Neue sich benimmt. Ich habe die Erfahrung gemacht, dass meine zwei eigenen Hunde unter einem Neuzugang immer leiden. Meine Labradorhündin Margaux konnte sehr gut unterscheiden zwischen einem Hund, der mit seinem Herrchen nur mal kurz auf Besuch kam und einem neuen BBH. Den Besucherhund begrüßte sie freudig, denn sie wusste, dass er bald wieder geht. Doch wehe ich kam mit einem neuen Hund. Dann hat sich Margaux beleidigt auf ihren Platz verzogen und ist so schnell nicht wieder hervor gekommen. Die jungen Hunde freuen sich natürlich immer, wenn ein Neuer kommt. Jeder versucht zunächst den Fremden erst einmal etwas zu dominieren und zu unterdrücken, ohne dabei aggressiv zu sein. Das machen die Hunde alles unter einander im Spiel aus. Der Neue ist naturgemäß sehr aufgeregt. So gut wie jeder von ihnen hat bis jetzt in diesen ersten Tagen auch mal vor Aufregung sein Geschäft ins Haus gemacht, das ist verständlich. In den ersten zwei Tagen kümmere ich mich besonders intensiv um ihn, damit er das Gefühl hat, nicht allein zu sein. Diese Hunde folgen mir in dieser Zeit auf Schritt und Tritt. Sie können in der neuen Umgebung zunächst nicht ruhig schlafen. Erst nach drei Tagen sind sie meistens so müde, dass sich der Schlaf von selbst einstellt. Darin gleichen sich alle neuen Hunde. Sehr unterschiedlich ist die Trauer, die sie über die Trennung von ihrem früheren Herrchen zeigen. Ich kann sehr gut erkennen, ob es ihnen in ihrer früheren Familie gut ging oder ob ihr bisheriges Hundeleben weniger glücklich verlief. Etliche meiner Hunde haben überhaupt keine Trauer gezeigt, sondern sich bei mir frisch, frei und fröhlich in die neue Gemeinschaft eingefügt. Ich habe aber auch Hunde erlebt, die fürchterlich geweint und gejault haben. Meist war die erste Nacht so schlimm, dass ich mich mit einer Matratze zu dem Hund gelegt habe, um seinen Trennungsschmerz zu lindern. Wie man aus diesen kurzen Ausführungen schon ablesen kann, bedeutet die Unterbringung zu Hause ein großes persönliches Engagement rund um die Uhr für die Hunde und das ist nicht jedermanns Sache. Es ist durchaus verständlich, wenn auch ein Hundetrainer einmal Feierabend machen will. Ich persönlich bringe es nicht übers Herz, meine Hunde einzusperren. Ich habe einmal einen Versuch gemacht mit unserer ehemaligen Einliegerwohnung, in der ich jetzt meine

Trainingsräume habe. Dort hinein habe ich die Hunde abends gebracht und eingeschlossen. Ich habe es nur etwa eine Stunde ausgehalten. Dann hat mein Mann den Versuch gemeinsam mit mir beendet, weil er bemerkt hat, dass ich immer nervöser wurde und mich auf nichts konzentrieren konnte. Das war mein erster und bisher letzter Versuch einer Quasi-Zwingerhaltung.

So kann eine Hundegruppe bei mir aussehen

Probleme mit meiner Hundehaltung

Ich möchte aber auch nicht verschweigen, dass meine Art, die Hunde als Gruppe im Haus zu halten, auch etliche Probleme mit sich bringt. Da der Hund ein Rudeltier ist, verfällt man sehr leicht der irrigen Meinung, dass er sich bei meiner Haltung im Rudel in der Familie pudelwohl fühlen muss. Das stimmt aber nicht. Ich möchte meine Hunde auch nicht als Rudel bezeichnen, es ist vielmehr eine zufällig zusammengewürfelte Gruppe. Ein Rudel wächst und jedes seiner Mitglieder hat mit der Zeit eine bestimmte Position eingenommen. Bei meiner Hundegruppe wird bei jedem Neuzugang wieder ausgetestet, wo jeder Hund steht. „Auch er (der Hund) will und muss wissen wo sein Platz und seine Position ist. Nur so fühlt er sich wohl und demzufolge probiert es jeder Hund immer wieder einmal aus, wo er nun wirklich hin gehört." (Aldington; „Was tu ich nur mit diesem Hund", Gollwitzer Verlag) Haben meine Hunde untereinander ihren Rang geklärt, kommt aber schon wieder ein Wechsel sei es durch einen Neuzugang oder den Weggang eines fertig ausgebildeten BBH. Sie müssen also von neuem austesten, wer wo steht. Das ist für die Tiere sehr stressig. Hunde lieben nichts mehr als klare Verhältnisse. Größere Probleme machte mir zum Beispiel Rex, ein Labrador-Schäferhund-Mischling. Seine Vermittlung machte unerwartete Schwierigkeiten, so dass sich sein Aufenthalt bei mir überraschend verlängerte. Rex war sehr auf mich fixiert und kam mit meiner Golden Retriever-Hündin Aischa und der Vizsla-Hündin Luzy, mit der er gern spielte, bestens zurecht. Doch dann kam ein neuer Welpe hinzu und vorbei war es mit der Harmonie. Luzy begann intensiv mit dem Schäferhund-Welpen Cora zu spielen und Rex war plötzlich das fünfte Rad am Wagen. Das führte dazu, dass Rex beim Training merklich nachließ. Mehrmals übergab er sich morgens - der Hund war sichtlich aus dem Gleichgewicht geraten. Es dauerte zwei Wochen, bis Rex wieder mit Luzy spielte und ich ihn eines Morgens auf einem gemeinsamen Schlafplatz mit Cora fand. Die Wogen waren vorerst geglättet, doch dann kündigte sich das nächste Unheil an. Sozusagen über Nacht kamen zwei weitere Rüden in mein Haus: der eine zehn Wochen alt und als Welpe noch unter Schutz, der andere aber bereits acht Monate alt. Normalerweise achte ich immer darauf, dass ich höchstens einen Rüden in meiner Hundegruppe habe, damit es nicht zu Eifersüchteleien kommt. Ich musste schon einmal Bommel und William, zwei sehr liebe und außerhalb immer herzensgute Rüden, mit Wasser aus dem Gartenschlauch trennen, weil sie sich bei mir zu Hause auf einen Machtkampf einließen. Erstaunlicherweise klappte es mit Rex und dem jüngeren Golden Retriever-Rüden jedoch von Anfang an gut, weil der jüngere sofort Rex als Chef akzeptierte und sich problemlos unterwarf.

Ich möchte auch nicht verschweigen, dass meine derzeitige Art der Hundehaltung auch ein Problem für zwischenmenschliche Beziehungen sein kann. Ich möchte das etwas näher erläutern. Durch ein oder zwei Hunde lernt man neue Leute kennen und kann neue Freundschaften schließen. Doch mit fünf oder sechs Hunden im Haus wird man eher einsam. Es ist immer ein furchtbarer Aufwand, wenn wir Besuch bekommen. Selbst meine Tochter, die mich gerne besucht, hat mir gestanden, dass ihr fünf Hunde doch zu viel sind. Von daher muss auch ich irgendwann einmal eine andere Art der Unterbringung - es muss ja nicht gleich ein Zwinger sein - in Erwägung ziehen.

Die Unterbringung im Zwinger

Viele Hundetrainer verfechten die Unterbringung im Zwinger. Es hat den Vorteil dass man sich nicht die ganze Zeit um den Hund kümmern muss. Der Hund ist außerdem immer freudig bei der Arbeit, weil das die einzige Abwechslung für ihn ist. Wenn er Glück hat, geht auch noch einmal am Tag jemand mit ihm spazieren. Der Hund gewöhnt sich vielleicht auch schneller an seinen neuen Besitzer, der ihn sozusagen aus seinem verhassten Zwinger befreit und wieder bei sich und seiner Familie integriert – ein weiterer Vorteil. Jedenfalls verursacht die Zwingerhaltung weniger Arbeit für den Trainer. In der Eingewöhnungsphase muss der Hund im Zwinger mit seiner Gemütslage ganz allein fertig werden. Der größte Nachteil, den ich in der Zwingerhaltung sehe, ist der, dass man den Hund gar nicht richtig kennen lernt, weil er im Zwinger seine Eigenschaften nicht voll entwickeln kann. Er wird auch keine intensive Beziehung zu seinem Trainer entwickeln. Sein Gehorsam ist sicherlich besser als bei der Unterbringung im Haushalt. Der Trainer kann meines Erachtens bei Zwingerhunden nicht feststellen, ob sie einen nicht erwünschten Schutztrieb entwickeln. Ich habe in Amerika von Fällen gehört, wo der Hund nach etwa einem halben Jahr von seinem Behinderten wieder abgegeben werden musste, weil das Tier niemand mehr an seinen Menschen herangelassen hat. Lebt der Hund aber in einer Familie oder beim Trainer, ist so eine Entwicklung frühzeitig erkennbar. Bei

Zwingerhaltung und Leinen-Gassi-Gehen wird man auch nie sehen, ob der Hund einen allzu großen Jagdtrieb hat. In Amerika habe ich auch die Zwingerhaltung im Extrem kennen gelernt, die sogenannte Quarantäne für verletzte oder erkrankte Hunde. Diese Hunde kamen in eine Quarantänestation, wo sie meist allein waren. Wenn sie Glück hatten, war ein paar Boxen weiter vielleicht noch ein Hund untergebracht. In diesen Boxen konnten die Hunde sich fast nicht rühren, sie hatten keinen Besuch und keine Abwechslung. Ich selbst habe den Fall einer Labradorhündin miterlebt, die insgesamt ein halbes Jahr in Quarantäne war, erst wegen eines Beinbruchs, dann wegen Husten. Als sie wieder aus der Quarantäne kam, erhielt ich sie zur Ausbildung und ging mit ihr wieder unter Leute. Dabei musste ich feststellen, dass die Hündin durch das halbe Jahr Einzelhaft so verängstigt war, dass sie Panik bekam, wenn mehr als drei Menschen zusammenstanden. Meine amerikanischen Ausbilder wollten das zunächst nicht glauben, denn die Hündin galt als sehr gut geeignet für die Ausbildung zum BBH. Zuerst schoben sie es auf meine Unerfahrenheit, mussten aber dann die Richtigkeit meiner Beobachtung einsehen. Ich konnte aus diesem Fall nur den Schluss ziehen, dass die Hündin durch die Zwingerhaltung regelrecht versaut wurde.

1.4. Die Ausbildung des Hundes

1.4.1. Wie fange ich an - das Clicker-Training

Die Amerikaner vertreten die Ansicht, dass der Hund sich zuerst in seine neue Situation eingewöhnen sollte. Sie fangen mit dem Training erst nach zwei bis drei Wochen an. Ich bin aber anderer Meinung und beginne gleich am ersten Tag mit einem leichten Training. Ich denke nämlich, dass der Hund über die Arbeit seine Selbstsicherheit, die er durch den Wechsel vielleicht verloren hat, wieder findet und sich viel schneller einfügt. Ich gehe also mit meinem neuen Azubi in meinen Übungsraum und lasse ihn zunächst alles beschnuppern. Dann beginne ich sofort mit dem Clicker-Training.

So ist es richtig: Targetstab zwischen Mittel- und Ringfinger, Clicker zwi-
schen Daumen und Zeigefinger

Was ist ein Clicker und wie benutzt man ihn

Ein Clicker ist nichts anderes als ein Knackfrosch. Ob man sich einen Proficlicker besorgt oder im Spielwarengeschäft einen Knackfrosch kauft, ist jedem selbst überlassen. Wie so vieles kommt auch das Clicker-Training aus den USA und wurde von Karen Pryor ursprünglich für das Training von Delfinen entwickelt. Anders als bei Hunden kann man diese Meeressäuger nicht mit einer Leine in die gewünschte Position ziehen. Man muss sie dazu bringen, dass sie freiwillig machen, was der Trainer von ihnen will. „Man kann weder Leine noch Zügel oder gar die Hand bei einem Tier benutzen, das einfach wegschwimmt. Die positive Bestätigung – primär durch einen Eimer voller Fische – war das einzige Mittel, das wir hatten." (Zitat übersetzt aus Click & Treat Training Kit, Version 1.1 von Gary Wilkes, USA 1995) Karen Pryors Erfahrungen veranlassten auch Hundetrainer das Clickertraining auszuprobieren, mit Erfolg. Der Clicker wird eingesetzt, um dem Tier exakt anzuzeigen: Jetzt hast du es richtig gemacht! - So möchte ich es haben! Das Click bedeutet für den Hund, dass er auf dem richtigen Weg ist. Auf das Click folgt sofort die Belohnung, ein Leckerli. Anschließend kommt noch das verbale Lob. Warum ist mit dem Clicker die positive Bestärkung viel exakter möglich als mit dem verbalen Lob? Ein Beispiel: Der Hund soll auf das Kommando „Sitz" folgen. Der Hund setzt sich beim ersten Mal vielleicht nur eine Sekunde lang hin und bevor man ihn mit den Worten „Braver Hund" loben kann, ist er schon wieder aufgestanden. Der Hund kann in diesem Fall nicht erkennen, dass er nur für das Hinsetzen gelobt wurde. Mit dem Clicker geht das problemlos. Der Hund setzt sich – Click – und erhält „Schnapp" das Leckerli. Dann wird er noch ausgiebig gelobt. Als Leckerli verwende ich bei allen Hunden Trockenfutter für kleinwüchsige Welpen. Es hat drei Vorteile: Die Stücke sind so klein, dass sie schnell geschluckt sind und die Hunde nicht durchs Kauen aufgehalten werden. Bei dieser Art Futter sind alle Inhaltsstoffe aufgeführt. Und die Hunde werden mit den kleinen Stückchen nicht unnötig überfüttert.

Die ersten Schritte: Sitz und Platz

Zurück zum Anfang der Ausbildung: Nachdem der Hund genügend Zeit hatte, den Übungsraum zu inspizieren, geht es los mit dem Clicker. Zuerst clicke ich nur und werfe ihm dann „Schnapp" das Leckerli zu. So geht es etwa 20 Mal: Click und Schnapp. Egal wo der Hund gerade im Raum ist, clicke ich und werfe ihm die Belohnung zu. Der Azubi lernt sehr schnell, dass er was gutes bekommt, wenn es Click macht. Als nächste Schritte folgen „Sitz" und „Platz". Das Clickertraining baut auf dem Prinzip auf, dass der Trainer dem Hund zuerst zeigt, was er von ihm will, ohne ihm ein Kommando zu geben. Sobald es funktioniert, kommt das Kommando dazu. Erst dann beginnt die Übung mit dem Kommando. Zurück zum Anfang. Wie bringe ich den Hund dazu, sich ohne Kommando hinzusetzen? Ich habe den Clicker in der rechten Hand und führe mit der linken Hand ein Leckerli von seinem Fang über seinen Kopf nach hinten. Er wird zu meiner Hand aufschauen und sich beim Verfolgen meiner Bewegung hinsetzen. Das muss nicht beim ersten Mal passieren. Der Hund begreift diese leichte Übung in der Regel jedoch recht schnell. Sobald er sich zum ersten Mal hinsetzt: Click und Schnapp. Die Platz-Übung beginne ich im Sitzen. „Sitz" hat der Hund bereits gelernt. Er setzt sich automatisch hin, um eine Belohnung zu erhalten. Sitzt mein Azubi, so führe ich ein Leckerli von seiner Schnauze aus am Boden von ihm weg. Steht der Hund auf und läuft dem Leckerli nach, so sage ich ihm mit einem neutral gesprochenen „Falsch", dass ich es nicht so haben will. Beim Clickertraining fallen keine bösen Worte. Allein das neutrale Falsch zeigt dem Hund, dass der Trainer es nicht so wollte und signalisiert ihm zugleich, dass er eine neue Chance erhält, es richtig zu machen. Der Azubi wird sehr bald merken, dass er mit seinen bisherigen Methoden nicht ans Ziel kommt. Dann streckt er seine Vorderpfoten nach vorne, um an das Leckerli heranzukommen. Bereits diesen winzig kleinen Versuch sich hinzulegen, belohne ich mit einem Click und Schnapp. Hat sich seine Reaktion gefestigt, so clicke ich erst, wenn er wirklich am Boden liegt. Bei all diesen Schritten muss man dem Hund immer genügend Zeit zum Überlegen geben. Sobald der Azubi das Prinzip des Clickers verstanden hat, wird er selbst überlegen, was von ihm erwartet wird. Genau das wollen wir erreichen. Wichtig ist dabei, ihn nur zu belohnen, wenn er das ausgeführt hat, was er soll. Deshalb muss man sich als Trainer ganz auf den Hund konzentrieren und zuvor sehr gut überlegen, welche Reaktion gewünscht ist. An den ersten Übungstagen sind die Trainingseinheiten noch sehr kurz. Sie dauern fünf bis höchstens zehn Minuten. Hat ein Hund noch nicht gelernt zu lernen, so kann er sich noch nicht länger konzentrieren. Wie merke ich, dass seine Konzentration nachlässt? Entweder leckt er sich kurz über die Lefzen oder er fängt an zu gähnen oder sich zu kratzen. Meine Vizsla-Hündin Luzy legte sich einfach auf einen Sessel, um mir demonstrativ zu zeigen: Ich mag und kann nicht mehr. Natürlich darf der Hund nicht selbst bestimmen, wann eine Übungsstunde zu Ende ist. Ich habe mit Luzy dann immer noch ihre Lieblingsübung (Touch Licht, siehe später) durchgespielt und dann die Trainingseinheit beendet. Man darf den Azubi auf keinen Fall überfordern.

Einsatz des Targetstabs

Sehr bald führe ich als weiteres Hilfsmittel den Targetstab ein. Es handelt sich dabei um einen zusammenklappbaren Metallstab mit unterschiedlich großen Gummipfropfen an beiden Enden, der für viele Übungen sehr hilfreich ist. Als Rechtshänderin nehme ich den Targetstab in die rechte Hand zwischen Zeige- und Mittelfinger, den Clicker zwischen Daumen und Zeigefinger. Die linke Hand bleibt für das Leckerli frei. Als eine Übung führe ich den Stab mit lockerem Handgelenk vor dem Azubi hin und her. Ziel ist, dass der Hund mit seiner Nase auf das Gummiende stupst. Neugierige Hunde werden schon von sich aus an das Gummiende hin riechen – Click und Schnapp. Bei anderen Hunden ist der Trainer mehr gefordert. Er muss so lange mit dem Stab das Interesse seines Azubis wecken, bis der mit seiner Schnauze in die Nähe des Gummipfropfens kommt. Auch das ist schon ein Click und Schnapp wert. Prinzipiell muss man es dem

Hund immer so leicht wie möglich machen. Hat er bereits ein oder zwei Mal an den Stab mit der Schnauze gestupst, sollte man diese Übung so schnell wie möglich wiederholen. Dafür wirft man dem Hund eine ganz kleine Belohnung zu, die er schnell schlucken kann, und gibt ihm sofort die Möglichkeit wieder an den Gummipfropfen zu stupsen. Das wiederholt man mindestens zehn Mal, je schneller desto besser. Anders als bei anderen Übungen soll der Hund in diesem Fall gar nicht mehr zum Denken kommen und automatisch reagieren. Das scheint der Clickermethode zu widersprechen, in der Praxis hat es sich aber gezeigt, dass der Hund die Targetübung um so schneller begreift, je schneller man mit dem Stab arbeitet.

Die wichtigste Targetstabübung: Touch Licht!

Hat der Hund das Prinzip des Targetstabes begriffen, so fange ich an, die Aufgaben schwerer zu gestalten. Ich halte den Stab mit dem Gummipfropf etwas höher an die Wand, damit der Hund hochspringen muss. Oder ich lege den Stab auf den Boden – immer verbunden mit dem Kommando „Touch Licht". Der Ausbilder darf nicht in den Fehler verfallen, zu clicken, wenn der Hund mit seiner Pfote auf den Gummipfropf haut, oder mit der Schnauze nur den Stab aber nicht den Gummipfropfen berührt. Der Azubi muss immer exakt den Gummipfropfen berühren, erst dann folgt Click und Schnapp. Ist auch dieser Ausbildungsschritt begriffen, halte ich den Gummipfropfen auf den Lichtschalter. Zu diesem Zweck habe ich in meinem Übungsraum einen Lichtschalter so niedrig an der Wand befestigen lassen, dass die Hunde am Anfang nicht hochspringen müssen. Dies erlaubt mir, mit den Hunden die Übung öfter zu wiederholen, ohne dass sie zu sehr angestrengt werden und zu schnell ermüden. Als nächsten Schritt verwende ich den kleineren Gummipfropfen am anderen Ende des Stabs. Mit ihm kann man den Hund noch exakter auf den Punkt hinweisen, wo er mit seiner Schnauze am Schalter hinstupsen soll. Es handelt sich bei meinem Lichtschalter um einen der gängigen Kippschalter. Soll der Schalter nach oben gekippt werden, so halte ich den Stab oben rechts oder links auf die Ecke des Schalters. Soll der Schalter nach unten gekippt werden, auf die untere rechte oder linke Ecke. Das ist nötig, damit der Hund nicht mitten auf den Schalter stupst, sondern ihn richtig kippen lernt. Mein Schalter ist mit einer Lampe verbunden, die wirklich an und aus geht, so dass der Hund sehen kann, was er anstellt. Habe ich das Gefühl, dass der Hund alles begriffen hat, so nehme ich den Stab immer kürzer in die Hand, bis schließlich mein Zeigefinger auf dem Gummipfropfen liegt. Bis es so weit ist, dauert es Wochen. Wie bei allen anderen Übungen ist oberstes Prinzip, nichts zu überstürzen.

Irgendwann ist der Stab ganz verschwunden und ich zeige nur noch mit meinem Finger auf den Lichtschalter. Ich gebe das Kommando „Touch Licht" und lege meinen Finger an den Lichtschalter, ziehe ihn aber sofort zurück, wenn der Hund kommt und den Schalter anstupst. Dann werfe ich ein Leckerli in den Raum und wiederhole sofort die Übung. Es hat sich gezeigt, dass das Schalten am Anfang mit Schwung besser funktioniert. Klappt es, so versuche ich, meine Hand beziehungsweise den Finger nicht mehr einzusetzen und entferne mich beim Kommando immer weiter vom Lichtschalter. Am Ende dieses Ausbildungsschritts kann ich den Hund durch den ganzen Übungsraum schicken, damit er mir das Licht anmacht. Doch das ist erst der Anfang, denn nun muss mein Azubi lernen, einen Schalter in normaler Höhe zu betätigen. Dafür gehe ich mit ihm bewußt in einen ganz anderen Raum, wo der Lichtschalter auf normaler Höhe angebracht ist. Damit der Hund beim Hochspringen die Wand nicht allzu sehr zerkratzt, habe ich mir eine Verkleidung aus Plexiglas um den Schalter anbringen lassen. Ich beginne wieder mit dem Targetstab und gebe das Kommando „Touch Licht". Da der Hund bereits das Kommando kennt und weiß, was ich von ihm will, geht alles viel schneller. Anfangs stelle ich den Hunden noch einen Stuhl unter den Schalter, wo sie sich mit den Vorderpfoten draufstellen können. Sie sind sonst beim Hochhüpfen immer verleitet, den Schalter mit den Pfoten anzustupsen. Das geht natürlich auch, aber die Wand würde noch mehr darunter leiden. Die Vorgehensweise ist genauso wie beim niedrig angebrachten Lichtschalter. Nach der Vorübung mit dem anderen Schalter sollte ich jedoch schon nach einer bis zwei Wochen so weit sein, dass ich den Hund aus einiger Entfernung den Lichtschalter auf Kommando betätigen lassen kann.

Andere Verwendungsmöglichkeiten für den Targetstab

Der Targetstab ist nicht nur als Vorstufe für den Lichtschalter einsetzbar, sondern in vielen anderen Bereichen auch. Ein Beispiel: Es gibt Behinderte, die aufgrund der unterschiedlichsten Erkrankungen (zum Beispiel Muskeldystrophie) ihren Kopf, wenn er nach vorne fallen sollte, nicht mehr aus eigener Kraft in die gewünschte Position heben können. In diesem Fall kann der BBH ihnen helfen, indem er den Kopf mit der Schnauze zurückstupst. Auch das muss natürlich mit dem Hund trainiert werden. Ich beginne wieder mit dem Targetstab. Sobald der Hund gelernt hat, den Gummipfropfen mit der Schnauze zu berühren, lege ich den Pfropf auf die Stirn einer zweiten Person. Der Hund muss dann lernen, gegen die Stirn zu stupsen. Für manche Hunde bedeutet es eine große Hemmschwelle, gegen mich zu stupsen. Sollte mein Azubi so reagieren, so lasse ich ihn zuerst gegen meinen Arm stupsen, weil das manchen Hunden leichter fällt. Mit Geduld, guten Worten und vielen Click und Schnapp funktioniert es irgendwann auch an der Stirn. Es versteht sich natürlich von selbst, dass der Kopf bei dieser Übung zuerst immer nach vorne fallen soll, damit der Hund sehen und verstehen kann, wann er den Kopf zurückstupsen muss. Dass Hunde angelernte Standardsituationen auch in abgewandelter Form selbständig meistern können, möchte ich am Beispiel von meiner Demonstrationshündin Aischa beschreiben. Ihr habe ich nur beigebracht, meinen Arm hochzustupsen, wenn er herunterfällt, die Übung mit dem Kopf kannte sie nicht. Als mich dann eine Mutter mit einem schwerstbehinderten Kind besuchte, um nach einem Hund für ihren Sohn zu fragen, geschah folgendes. Der Junge war blind und hatte keinerlei Gewalt über seine Muskeln. Während ich mich mit der Mutter unterhielt, sah ich, wie der Kopf des Jungen nach vorne fiel. Meine Aischa bemerkte das auch und ging, ohne dass ihr jemand ein Kommando gab, zu dem Jungen und stupste seinen Kopf wieder nach hinten. Die

Mutter hat davon gar nichts gemerkt, weil sie ganz ins Gespräch mit mir vertieft war. Ich hätte meine Aischa am liebsten dafür umarmt. Denn sie hatte wieder einmal bewiesen, dass ein Hund, der gelernt hat zu lernen, selbst den Schluss ziehen kann, dass er in einer Situation helfen muss.

Das Schließen von Türen

Nun kommen wir zu den Türen. Ich beginne auch mit dem Tür-schließen wieder auf Umwegen. Dafür ziehe ich mir einen Lederhandschuh an, in erster Linie, damit meine Hand geschützt ist. Mit dem Daumen klemme ich ein Leckerli gut fest, damit der Hund es mir nicht so leicht aus der Hand klauen kann. Zuerst halte ich dem Hund diese Hand nur hin. Liegt er am Boden, so gehe ich mit der Hand ebenfalls am Boden, sitzt oder steht er gerade, so halte ich die Hand in einer Höhe, die es dem Hund leicht macht, mit der Pfote drauf zu hauen. Der Hund versucht nun, mit allen Mitteln an das Leckerli zu kommen. Zuerst wird er sich hinsetzen oder hinlegen. Da er nur das Wort „Falsch" hört, überlegt er sich etwas anderes. Er versucht vielleicht, mit seiner Schnauze an das Leckerli zu kommen, aber er kann nicht in meine Handfläche hinein. Der eine oder andere probiert es mit Winseln oder Bellen und hört immer wieder: Falsch. Irgendwann wird er seine Pfote benützen, um drauf zu hauen – Click und Schnapp.
Diese Übung wiederhole ich so lange ohne Kommando, bis ich merke, dass der Hund es kapiert hat. Erst dann kommt das Kommando Tür zu! dazu. Ich halte die Hand mit dem Leckerli in verschiedenen Höhen, mal am Boden, mal gegen die Wand, mal gegen die Tür. Je mehr Fortschritte der Hund macht, um so mehr geht es nur noch an die Tür. Klappt alles so weit recht gut, dann ziehe ich den Handschuh aus und halte ihn ohne Leckerli an die Tür. Der Hund hat mittlerweile gelernt, an diese Stelle mit der Pfote zu hauen – Click und Schnapp. Dann kommt der Handschuh ganz weg. Ist der Hund daraufhin zunächst irritiert und weiß nicht mehr, was er machen soll, so gehe ich anfangs noch mit der flachen Hand an die Tür. Dabei muss man schneller sein

als der Hund und die Hand zurückziehen, damit der Hund die Tür und nicht die Hand trifft. Die Hand muss für diese Übung ganz flach an die Tür gelegt werden. Der Trainer darf nicht den Fehler begehen, die Hand in einem Winkel gegen die Tür zu halten, weil der Hund mit seiner Pfote dann nur die Hand und nicht die Tür trifft. Hat er die Tür dann endlich getroffen – Click und Schnapp.

Eine eigene Problematik: Türen öffnen

Ich habe bisher nur über das Schließen von Türen gesprochen, aber zum Schließen muss die Tür zunächst einmal geöffnet werden. Das Öffnen von Türen bringt eine ganz eigene Problematik mit sich, über die ich die Rollstuhlfahrer sehr sorgfältig aufkläre. Wenn sie die Hilfestellung des Türöffnens vom Hund haben wollen, müssen sie sich im Klaren darüber sein, dass der Hund irgendwann die Tür auch ohne Kommando - nur für sich - öffnen wird, weil er hinaus will. Daher spreche ich mit den Behinderten ab, ob sie diese Hilfestellung wirklich brauchen. Es ist relativ einfach, dem Hund das Öffnen von Haus- und Wohnungstüren beizubringen. Ich halte meinem Azubi ein Leckerli über den Türgriff, damit er hochspringt. Sobald seine Pfoten dabei die Türklinke berühren – Click und Schnapp. Das Kommando Tür auf setze ich wie immer erst ein, wenn mein Azubi die Übung verstanden hat. Geht die Tür nach außen auf, so ist das Ziel damit praktisch schon erreicht. Muss man sie nach innen hin öffnen, so folgt der nächste Übungsschritt. Hierfür brauche ich eine Hilfsperson. Ich verlasse vor der Nase meines Azubis den Raum mit einem besonders wohlriechenden Leckerli und schließe die Tür hinter mir. Meine Mitarbeiterin gibt daraufhin das Kommando Tür auf! Sobald der Hund die Klinke heruntergedrückt hat und die Tür einen Spalt weit offen steht, locke ich ihn von außen mit der ersehnten Belohnung. Er wird sehr schnell herausfinden, wie er an sie gelangt. Soviel zum Thema Öffnen von Haus- und Wohnungstüren.

Vorübung zum Schubladen öffnen, das Ziehspiel

Auf eine ganz andere Weise erlernen die Hunde das Öffnen von
Schubladen oder Schranktüren. Ich beginne beim Training wieder
ganz unabhängig von der Tür mit einem Ziehspiel. Das hört sich
einfacher an als es ist, denn die Hunde reagieren völlig unterschiedlich auf solch ein Spiel. Die einen machen wunderbar mit,
sie ziehen solange ich es tue und hören sofort auf, wenn ich ihnen
keinen Widerstand entgegen halte. Das ist der Idealfall. Es gibt
aber Hunde, die zwar ziehen, aber nicht mehr damit aufhören
wollen und unseren Ziehstrang nicht mehr freiwillig hergeben.
Das extreme Gegenteil sind Hunde, die sich nicht auf dieses Spiel
einlassen, weil sie es für schlimm halten, mit mir um etwas zu
streiten. Ich bezeichne diese Hunde als zart, wobei das nichts mit
ihrer Körpergröße zu tun hat. Mein Azubi Rex, ein Labrador-Schäferhund-Mischling, der gut 35 Kilo auf die Waage bringt, war zum
Beispiel nur mit größten Mühen zu diesem Ziehspiel zu bewegen.
Als Gegenstand zum Ziehen nehme ich am liebsten einen alten
Bademantelgürtel aus Frottee. Das Frottee ist weich und die
Hunde nehmen es gerne auf. Nicht so gut geeignet ist etwas grob-
gestricktes, weil sich oft die Zähne der Hunde in den Maschen verfangen. Leder ist den Hunden oft zu hart, sie rutschen daran mit
den Zähnen ab. Am besten eignen sich also Bademantelgürtel, von
denen ich im Laufe der Jahre schon so viele verschlissen habe,
dass ich mittlerweile auch auf Socken zurückgreife. Beschreiben
wir zuerst den Idealfall: Ich überrede den Hund dazu, mit mir ein
Ziehspiel einzugehen. Dafür halte ich ihm den Gürtel vor die
Schnauze, schwenke ihn auffordernd hin und her und verstecke
ihn wieder. Manchmal genügt es schon, wenn ich ganz stolz mit
dem Gürtel in der Hand im Zimmer herumgehe, damit der Hund
versucht, ihn mir abzunehmen und schon hat das Ziehspiel
begonnen. Die Hunde verstehen sehr schnell, was ich von ihnen
will. Dazu muss man nur zwei Hunde beobachten, von denen
einer spielen will oder zeigen will, dass er der stärkere ist. Dieser
Hund wird sich einen Gegenstand schnappen und stolz wie Oskar
vor dem anderen Hund auffordernd hin und her staksen. Das ist
ganz einfach nachzuahmen. Wir ziehen eine Zeit lang, dann gebe

ich von meiner Seite den Widerstand auf. Im Normalfall lässt auch der Hund den Gürtel aus – Click und Schnapp.

Das Ziehen funktioniert nicht immer so unproblematisch wie bei unserem Idealfall, da der Hund bei diesem Spiel auch zeigen kann, dass er der Stärkere ist. Wenden wir uns zunächst dem Problem zu, dass der Hund nicht los lässt. Er zieht also zunächst wie gewünscht am Gürtel, reagiert aber nicht auf mein Nachgeben. Er zieht weiter und beginnt den Gürtel vielleicht auch zu schütteln. Er macht also zum einen den Fehler weiter zu ziehen, zum anderen fängt er an im Unterricht zu spielen, was er schon gar nicht soll. In diesem Fall nehme ich ein Leckerli in meine rechte Hand, mit der ich auch den Clicker halte. Sobald ich selbst den Zug nachlasse, halte ich ihm das Leckerli vor die Nase. Es gibt kaum einen Hund, der für das Leckerli nicht den Gürtel fallen lassen wird. Sobald er den Gürtel aus lässt – Click und Schnapp. Sollten meine normalen Leckerli als Ansporn nicht genügen, so greife ich zu etwas Gruchsintensiverem wie einem kleinen Stückchen Wiener. Auf diese Weise lernt der Hund sehr schnell, dass er loslassen muss, weil er erst dann die Belohnung bekommt.

Wesentlich anstrengender ist es für den Trainer, wenn der Hund das Ziehspiel ganz verweigert. Man muss sich zunächst fragen, weshalb der Hund sich so verhält. Es handelt sich nach meiner Erfahrung um die zuvor erwähnten zarten Hunde, die ihren Trainer als Boss respektieren, mit dem sie nicht um die Beute kämpfen wollen. Anfangs habe ich große Anstrengungen gemacht, auch diese Hunde zum Ziehen zu bringen, habe mich aufgeführt wie ein Hampelmann, damit sie nur einmal den Gürtel vorsichtig in die Schnauze nehmen. Es war meist vergebens, weil sie auf meinen Gegenzug sofort nachgegeben haben. Ich bin zu dem Schluss gekommen, dass es bei diesen Hunden sinnvoller ist, den ersten Schritt dieser Übung einfach zu überspringen. Wir beginnen also gleich mit der zweiten Stufe, dem Nachtkästchen. Es hat oben eine Schublade und darunter eine Tür, an deren Knauf ich einen alten Socken binde. Vor den Augen des Hundes lege ich ein sehr geruchsintensives Leckerli in das Nachtkästchen und mache die Tür zu. Was passiert? Der Hund will natürlich an das Leckerli heran. Er schaut hinter und unter das Nachtkästchen, fängt an zu kratzen und zu winseln. Ich spiele nun mit dem Socken herum und sobald der Hund auch nur versuchsweise in den Socken hinein beißt, ziehe ich mit ihm gemeinsam die Tür des Nachtkästchens auf. Damit der Hund nicht allzu sehr erschrickt, wenn die Tür auf ihn zu schwingt, stoppe ich sie mit der Hand ab. Doch die leckere Belohnung, in diesem Fall meist ein Wienerwürstchen, lässt den Schreck schnell vergessen. Wir können zur Wiederholung der Übung schreiten. Bisher haben fast alle meine Azubis in der ersten Übungsstunde gelernt, dass sie richtig an der Tür ziehen müssen, damit sie belohnt werden. Stelle ich fest, dass ein Hund sich zu stark ins Zeug legt, halte ich das Nachtkästchen vorsichtshalber fest, damit es nicht umfallen kann. Der Hund muss immer das Gefühl haben, dass ihm bei all den Dingen, die er lernt, nichts passieren kann. Dieses Vertrauen darf der Trainer nie zerstören. So sehr das Türöffnen manche Hunde anfangs ängstigt, um so mehr macht es ihnen Spaß, sobald sie es begriffen haben. Ich hatte viele Hunde zur Ausbildung, die kaum, dass sie im Trainingsraum sind, sofort und ohne Kommando diese Tür öffnen. Manchmal machen sie das auch aus lauter Begeisterung, wenn ich ihnen ein ganz anderes Kommando gebe. Dann drehe ich das Nachtkästchen mit der Tür zur Wand, damit der Hund nicht mehr dran kommen kann. Wenn Tür öffnen wieder auf dem Stundenplan steht, drehe ich das Kästchen um und der Hund hat seinen Frieden. Es handelt sich hierbei um Übergangsreaktionen, die sich mit der Zeit verlieren. Ist der erste Kick vorbei, so öffnet der Hund die Tür nur noch auf Kommando.

Hilfestellung beim Ausziehen von Kleidung

Die Übung Ziehen kann vielfältig eingesetzt werden, nicht nur bei Türen und Schubladen. Man kann sich vom Hund auch teilweise beim Ausziehen helfen lassen. Diese Hilfestellung ist begrenzt auf Pullover, Jacken mit Reißverschluss, Socken, Handschuhe und eventuell auch Hosen. Man muss darauf achten, dass die Kleidungsstücke robust und nicht zu eng geschnitten sind. Ich habe es bisher vor allem mit weiten Sweatshirts und Anoraks versucht. Beim Anorak muss man am Reißverschlusszip ein Band befestigen. Der Azubi kennt mittlerweile bereits das Kommando Zieh und muss nun vom Trainer in die neue Situation eingeführt werden. Wenn er am Anorak auf das Kommando mit dem Band den Reissverschluss wirklich aufzieht – Click und Schnapp. Dann bietet man ihm einen Arm an. Vor allem junge Hunde meinen dann: Oh, da darf ich ja mein Herrchen beißen, ohne dass ich dafür gerügt werde. Sie knabbern auch mal gerne auf meiner Hand herum. Ich unterbinde das schnell, indem ich sie einfach gut gelaunt leicht zurück zwicke. Damit bleibe ich dem Prinzip treu, dass im Übungsraum kein böses Wort fallen darf und mache dem Hund zugleich klar, dass es ihm nicht sonderlich gut tut, in meine Hand oder meinen Arm zu zwicken. Sobald mein Azubi etwas an dem Jackenärmel gezogen hat – Click und Schnapp. Es folgt der zweite Ärmel. Anschließend soll der Azubi mir die Jacke auf das Kommando Apport wieder auf den Schoß legen. Wenn wir in der Ausbildung fortgeschritten sind – kommt Click und Schnapp erst, nachdem das Kleidungsstück wieder zu mir gebracht wurde. Mit Handschuhen und Socken funktioniert es genauso.

Den Rolli ziehen

Es gibt Situationen, in denen es nötig ist, dass der Hund auch den Rollstuhl – entweder mit dem Menschen oder leer – eine kurze Strecke ziehen muss. Wird der Rolli mit Mensch gezogen, so geht das nicht mit Hilfe des Halsbandes, sondern mit einem Brustgeschirr. Ich höre schon den Aufschrei des Entsetzens: Der arme, gequälte Hund! Wenn ich daran zurückdenke, wieviel Spaß meine Golden Retriever-Hündin Jana und ich dabei hatten: Auf das Kommando „Hilf mir" legte sie langsam los und dann ging es mit Karacho und Yipie durch die Stadt. Begeistert, mit erhobener Rute, trabte Jana dahin und zog mich, die nur noch lachen konnte, im Rolli hinter sich her. Auch die Passanten hatten ihre Freude an uns.
Wie übe ich das? Dazu brauche ich eine Helferin, die fit und flink auf den Füßen ist und mit einem Wiener Würstchen in der Hand vor dem Rollstuhl herläuft. Dem kann kein Hund widerstehen. Die Person, die im Rollstuhl sitzt, gibt das Kommando Hilf mir!

Der Hund hat dafür ein Brustgeschirr mit starrem Griff um, an dem sich der Rollstuhlfahrer festhalten muss. Der Hund findet schnell Gefallen an dieser Arbeit, so dass die Wiener als Lockmittel bald wegfallen können. Mit den schon erlernten Kommandos Rechts und Links ist er gut zu lenken. Man darf nicht den Fehler machen, den Hund mit der Leine an den Rollstuhl festzubinden. Dann würde er ihn nur im Kreis herum drehen.

Kommen wir nun zur Übung, den leeren Rolli zu ziehen. Diese Hilfestellung braucht man nur für kurze Distanzen von einem oder zwei Metern meist im Haus. Sie ist zum Beispiel nötig, wenn der Rollstuhlfahrer sich in einen Sessel setzt und ein lieber, aber gedankenloser Mitmensch, den Rolli aus dem Weg räumt. Der Hund kann den Rollstuhl bei Bedarf wieder zum Behinderten hin, ziehen. Im Prinzip handelt es bei dieser Übung um eine Variante des vorher beschriebenen Ziehspiels. Ich befestige dafür einen Bademantelgürtel seitlich am Rolli, damit mein Azubi den Rollstuhl zu mir ziehen kann. Den meisten Hunden bereitet das keine Schwierigkeiten. Allein mein Labrador Moritz wollte dieses Gerät nur ein paar Zentimeter weit ziehen. Ich habe es immer wieder mit ihm ausprobiert, doch nach etwa fünf Zentimetern hat Moritz den Gürtel losgelassen und nicht mehr angerührt. Dann kam mir der Zufall in Person meiner damals zweijährigen Enkelin Pauline zu Hilfe. Sie setzte sich in den Rollstuhl, um unser Training zu beobachten. Daraufhin ging Moritz unaufgefordert zu ihr und zog sie samt Stuhl durchs ganze Zimmer. Der Knoten war geplatzt und ab diesem Zeitpunkt wusste Moritz endlich, was wir von ihm wollten.

Weitere nützliche Kommandos

Mit den Grundkommandos „Touch", „Tür zu", „Sitz" und „Platz" kann man dem Hund bereits allerlei beibringen. Doch das ist noch nicht alles, was ein guter BBH können sollte. Es gibt noch verschiedene Kommandos, die dem Rollifahrer den Umgang mit dem Hund erleichtern. So ist es sehr nützlich, wenn der Behinderte beim Einkauf, dem Besuch in einer fremden Wohnung oder wo auch immer es eng werden kann, seinen Hund unter einen Tisch oder eine Bank schicken kann. Ich verwende dafür das Kommando „Bank" und der Hund weiß, dass er sich unter den Tisch oder die Bank legen muss, die ich ihm anzeige. Das Einüben findet wiederum in meinem Trainingsraum statt. Für diesen Zweck habe ich einen sehr niedrigen Tisch, unter den zwar die Hunde aller Körpergrößen passen, aber nur wenn sie sich entsprechend bücken beziehungsweise drunter krabbeln. Der Weg ist einfach. Ich blockiere mit meinem Körper die Längsseite des Tisches und führe den Hund mit einem Leckerli in der Hand unter den Tisch. Legt mein Azubi sich dort hin – Click und Schnapp. Anfangs bleibe ich beim Hund, solange er unter dem Tisch liegen soll. Später kommt das Zeichen „Bleib" mit dazu. Dieses Zeichen zeige ich dem Hund an, indem ich wie ein Verkehrspolizist die erhobene Handfläche (Finger geschlossen) ihm vors Gesicht halte und „Bleib" sage. Wenn mein Azubi das Kommando „Bank" begriffen hat und befolgt, beginne ich mich von dem Tisch, unter dem er liegt, zu entfernen. Zuerst geschieht das nur für wenige Sekunden, dann dehne ich es immer weiter aus, gehe im Raum hin und her, räume auf oder hüpfe auch mal herum wie ein Hampelmann. Ziel ist, dass der Hund auch bei den ungewöhnlichsten Aktivitäten meinerseits liegen bleibt und seinen Platz erst wieder verlässt, wenn ich zu ihm komme und ihm das Kommando „Hier" gebe.

Ein anderer Fall: Manche Rollifahrer können sich aufgrund ihrer Behinderung nicht zu ihrem Hund hinunterbeugen. Der BBH muss also zu ihnen hoch, mit den Vorderpfoten auf ihren Schoß. Dies ist recht einfach einzuüben. Mit dem Kommando „Auf meinen Schoß" locke ich den Hund mit einem Leckerli, das ich vor meine Brust halte, auf meinen Schoß. Die Hunde hupfen gerne hoch, denn es gibt nicht nur das Leckerli, sie bekommen auch noch Streicheleinheiten. Auf das Kommando „Runter" wobei ein Leckerli auf den Boden geworfen wird, springt der Hund wieder nach unten. Auf die gleiche Weise kann man mit dem Hund einüben, mit den Vorderpfoten auf eine Bank, einen Stuhl oder einen Tisch zu gehen. Temperamentvolle junge Hunde werden anfangs voller Elan mit allen Vieren auf den Tisch oder die Bank springen. Darauf sollte ich sie eigentlich mit dem neutral gesprochene „Falsch" korrigieren, aber ich muss dann immer lachen, was natürlich genauso falsch ist. Der Trainer kann das Fehlverhalten verhindern, indem er das Leckerli an den Rand des Tisches hält, damit der Hund erst gar nicht in Versuchung kommt, ganz hinauf zu hüpfen. Hat der Hund es richtig gemacht – immer Click und Schnapp und das verbale Lob. Auch bei solch vermeintlich einfachen Übungen muss der Trainer immer überschwänglich loben. Sehr viele – vor allem junge - Frauen haben die Vorstellung, dass es toll sein muss, dem Hund all dies beizubringen. Dabei fehlt ihnen häufig die Geduld, dem Hund so einfache Kommandos wie „Sitz und Bleib" oder „Platz und Bleib" anzutrainieren. Für die Hunde ist das wie das kleine Einmaleins für den Menschen. Ohne die profunden Grundlagen kann der Hund nicht zum BBH werden und der Mensch nicht in die höhere Mathematik einsteigen. Einen noch nicht ausgebildeten Hund zu formen macht unheimlich Freude. Sehr bald kennt der Hund die Kommandos und dann wird von ihm und seinem Trainer vor allem eins verlangt: Geduld, Geduld und nochmals Geduld. Die Kommandos müssen nämlich wochenlang wiederholt und geübt werden, bis sie dem Hund in Fleisch und Blut übergegangen sind. Das A und O der erfolgreichen Ausbildung ist, dass der Hund die Kommandos im Schlaf beherrschen muss. Diese wochenlangen Wiederholungen stellen vor allem den Trainer auf eine harte Geduldsprobe.

Es ist für den Rollifahrer manchmal nicht nur hilfreich, wenn sein BBH mit den Vorderpfoten auf Kommando irgendwo hinauf springt, sondern auch wenn er dies mit allen Vieren macht. Beispiel: Der Rollifahrer fährt mit dem Zug. Steigen andere Fahrgäste ein- und aus, kann es passieren, dass man mit dem Rollstuhl und seinem Hund im Weg ist. Dann gibt der Rollifahrer dem Hund das Kommando „Allehopp", dieser springt für kurze Zeit auf einen Fahrgastsitz und ist so im allgemeinen Treiben aus den Füßen. Hat sich alles wieder beruhigt, kann der Hund wieder runterkommen. Ich bringe es meinen Azubis bei, indem ich sie auf einen Couchsessel in meinem Übungsraum mit dem Kommando „Allehopp" hinaufspringen lasse, womit die meisten Hunde keine Probleme haben. Sie genießen es vielmehr, sich genüßlich in den Sessel zu kuscheln. Das Problem beginnt erst, wenn der Hund seinen gemütlichen Platz wieder verlassen und weiter arbeiten soll. Dies ist eine gute Gelegenheit, zu überprüfen, ob der Hund seine Kommandos wirklich gut intus hat. Springt er auf das Kommando „Runter" von seinem bequemen Platz, auch wenn ich ihm kein Leckerli auf den Boden werfe, kann ich sicher sein, dass er es begriffen hat. So ist es in der Regel, aber es gibt immer wieder Ausnahmen wie zum Beispiel meine Vizsla-Hündin Luzy. Am Anfang ihrer Ausbildung, als sie sich noch nicht lange konzentrieren konnte, hat sie mir das immer sehr deutlich demonstriert. Sie hüpfte dann unaufgefordert auf den Sessel und sah hochnäsig wie eine Diva auf mich herab. Nur mit Mühe konnte ich sie von ihrem Sitz wieder herunterlocken. Bald war mir aber klar, was sie mir damit sagen wollte und nach einer kurzen Übung war ihre Schulstunde dann zu Ende. Das Kommando „Allehopp" lehrte ich sie erst, als sie eine ganz normale Trainingseinheit von circa 15 Minuten ohne Konzentrationsschwächen bewältigen konnte.

So sieht das Kommando Bank und Bleib in der Praxis aus

Spezialausbildung auf besonderen Wunsch

Wenden wir uns nun der Spezialausbildung zu. Nicht jeder Rollstuhlfahrer braucht dieselben Hilfestellungen. Beispiel: Eine halbseitig gelähmte allein erziehende Mutter hat für ihr schwerstbehindertes Kind folgenden Wunsch geäußert. Immer, wenn sie ihrem Sohn Anton (alle Namen geändert) die Jacke auszieht, muss sie das Kind auf den Boden legen. Dann dreht sie mit ihrer gesunden linken Hand den Jungen auf die Seite und stabilisiert ihn mit dem Knie des gesunden linken Beins, damit er nicht wieder auf den Rücken rollt. Die Aufgabe des Knies sollte der Hund übernehmen, indem er sich so neben den Jungen legt, dass dieser nicht wieder auf den Rücken rollen kann. Auf diese Weise konnte die Mutter ihrem Kind weitaus besser aus der Jacke helfen. Wie trainiere ich das? Zunächst muss der Hund das Kommando Platz kennen. Dann soll er sich auf die Seite drehen. Hierfür führe ich ein Leckerli über die Schulter des Hundes an seinem Kopf vorbei, so dass er sich der Bewegung folgend auf die Seite dreht. Sobald er so liegt – Click und Schnapp. Auch diese Übung wird so lange wiederholt, bis der Hund weiß, was von ihm verlangt wird. Man darf dabei nicht nur immer die eine Seite nehmen, sondern sollte immer rechts und links abwechseln. Sobald der Hund das dazu passende Kommando „Leg dich" kann, kommt eine zweite Person hinzu, die den Jungen spielt. Der Hund wird wiederum auf die bereits beschriebene Weise am Rücken der auf dem Boden liegenden Person abgelegt. Ich habe in diesem Fall immer die Rolle des Jungen übernommen und festgestellt, dass der Hund wirklich eine gute Stütze abgibt. Wenn er richtig liegt, hat man keine Chance, auf den Rücken zu rollen. Ich habe das mit dem Schäferhund-Labrador-Mischling Rex trainiert, für den es zu einer seiner Lieblingsübungen wurde. Da er sich so gerne zu mir hin gekuschelt hat, war es eher ein Problem ihn wieder aus der Stellung weg zu bekommen. Doch ich habe das mit meiner Helferin schnell gelöst. Wir haben das Leckerli für den Hund sichtbar in den Raum geworfen und das Kommando „Weg" gegeben. Das war stärker als das Kuscheln mit mir.

Ein anderer Hund, William, ein Golden Retrieverrüde, sollte seinem Frauchen dabei helfen, allein ins Bett zu steigen. Williams Rollifahrerin Pia ist an MS (Multiple Sklerose) erkrankt. Sie kann sich zwar aus eigener Kraft vom Rollstuhl ins Bett hinüber hieven, hat aber nicht die Kraft, ihre Beine allein ins Bett zu heben. Sie ist immer auf menschliche Hilfe beim Zubettgehen angewiesen. Findet sie niemand anderen als den Pflegedienst, so muss sie um 20 Uhr ins Bett gehen, weil der Pflegedienst danach Feierabend macht. Ich habe William deshalb zunächst gelehrt, den Rollstuhl mit dem Ziehkommando vom Bett wegzuziehen. Dafür wurde ein Band an der Seite des Rollstuhl befestigt. Dann geht William mit dem Kopf unter die herabhängenden Beine und springt mit den Vorderpfoten aufs Bett. Wenn Pia sich in diesem Moment zur Seite dreht, fallen ihre Beine automatisch ins Bett. Für diese Trainingsübung sind zwei Trainer erforderlich. Einer muss sich mit herab baumelnden Beinen auf Bett legen. Der andere lockt den Hund mit einem Leckerli, das er ihm durch die Beine zeigt. Er führt den Hund mit seinem Kopf unter den Beinen durch und legt das Leckerli dann aufs Bett. Für William war diese Übung kein großes Problem.

Es gibt auch einen Personenkreis, die ihren Arm nicht mehr aus eigener Kraft auf den Schoß zurücklegen können, wenn er von der Armlehne gefallen ist. In diesem Fall gehe ich denselben Weg. Ich lasse zum Beispiel meinen linken Arm von der Lehne des Rollstuhls fallen. Dann nehme ich ein sichtbares Leckerli in die rechte Hand, die ich unter das Handgelenk des herabhängenden linken Arms führe. Ich locke damit den Hund an und ziehe zugleich die rechte Hand langsam auf meinen Schoß zurück. Der Hund folgt dem wohlriechenden Leckerli mit der Schnauze und drückt zugleich mit seinem Kopf den herabhängenden Arm nach oben. Sobald er auf meinem Schoß das Leckerli bekommt, fällt auch der Arm wieder in meinen Schoß zurück. Bei diesen Übungen mit Kopf und Arm benutze ich nur das Kommando „Stups".

Ein BBH kann auch als Stütze dienen, wenn sein Rollifahrer zum Beispiel vom Stuhl aufstehen will. Sollte ein Gehbehinderter, der sich an Gehhilfen fortbewegt, hin fallen, so fällt es ihm mit dem BBH wesentlich leichter wieder auf zu stehen. Bei diesem Training muss man sehr vorsichtig vorgehen, weil der Hund die Übung schnell missverstehen könnte. Die Übung ist im Prinzip einfach: Der Hund muss zunächst das Kommando „Steh" kennen. Dann drückt der Trainer ihm leicht zwischen den Schulterblättern auf den Rücken. Warum muss man bei der Übung so vorsichtig sein? Ganz einfach, weil der Druck von oben auf die Schultern das reine Dominanzverhalten ist. Will ein Hund einen anderen dominieren, so legt er ihm den Kopf auf die Schulterblätter. Oberstes Prinzip bei dieser Übung ist also, dass der Trainer seinem Azubi vermitteln muss, dass es sich in diesem Fall um etwas gutes und schönes handelt. Sobald der Hund also beim leichten Druck stehen bleibt, sofort Click und Schnapp. Der Druck wird mit der Zeit allmählich erhöht. Wichtig ist, den Hund viel zu loben, damit er merkt, dass alles in Ordnung ist und die Übung nichts mit Dominanz zu tun hat. Funktioniert diese Übung gut, so muss der Trainer sich richtig fallen lassen, den Hund zu sich rufen und das Kommando „Steh" geben. Dann kann er sich wirklich fest auf den Hund stützen. Natürlich kommt es für diese Hilfestellung auf die Konstitution des BBH an. Einen dünnen Vizsla oder einen Border Collie würde ich nicht zu jemand geben, der diese Hilfe braucht.

Nun ein Beispiel dafür, dass eine Übung, die im Training hervorragend klappt, in der Realität dann doch nicht umzusetzen ist. Die Mischlings-Hündin Sandy sollte ihrem an Muskelatrophie erkrankten Frauchen Petra folgendermaßen helfen: Petra kippt, wenn sie einen schwachen Tag hat, ab und zu mit ihrem Oberkörper nach rechts und kann sich nicht mehr mit eigener Kraft gerade hin setzen. Ich habe deshalb Sandy beigebracht, auf das Kommando „Hilf mir" mit den Vorderpfoten gegen Petras Schulter zu springen und ihren Oberkörper wieder in die aufrechte Position zurück zu stupsen. Zum Training braucht man wiederum zwei Personen. Ein Trainer sitzt im Rolli und lässt seinen Oberkörper demonstrativ nach rechts fallen. Der andere Trainer steht hinter ihm und zeigt mit dem Leckerli leicht hinter der Schulter an, wohin der Hund mit den Vorderpfoten springen soll. Sobald der Hund springt, Click und das Leckerli wird weggeworfen, damit der Hund die Schulter nur kurz antippt und sofort wieder zu Boden geht. Diese Hilfestellung ist für den Hund nicht leicht zu erlernen. Sandy musste in einem exakten 45-Grad-Winkel an den Oberarm stupsen, damit ihre Kraft zum Aufrichten des Oberkörpers reichte. Anfänglich ging das öfters daneben. Sandy hupfte mal gegen die Brust, mal zu sehr in Richtung Rücken. Später wusste sie aber genau, wo sie gegen hupfen muss und sie macht das auch sehr gerne. So weit so gut. Im Training war alles bestens, aber die Wirklichkeit zeigte uns unsere Grenzen auf. Beim Hochhüpfen stupste Sandy ihr Frauchen zwar in die richtige Position, zog sie aber beim Runtergehen mit ihren Pfoten sofort wieder mit sich nach unten und machte damit alles nur noch schlimmer. Warum klappte diese Übung nicht? Es lag nicht am Hund, sondern an der speziellen Situation. Die Muskelatrophie bewirkte bei Petra, dass sie schon durch leichte Berührungen - Stupsen oder Ziehen - aus dem Gleichgewicht gebracht wird, ein Umstand, den ich im Training selbst nicht nachvollziehen konnte. Deshalb konnte Sandy ihr nicht helfen.

Ich lehre die Hunde auf Kommando Laut zu geben, damit sie so auf sich und ihren Herrn aufmerksam machen können. Selbst die Beller unter den Hunden tun sich oft furchtbar schwer, auf Kommando einen vernünftigen Ton herauszubringen. Der Trainer muss häufig regelrecht einen mentalen Handstand vollführen, um den Hund zum Bellen zu bekommen. Zuerst versuche ich ein Leckerli sichtbar in die Hand zu nehmen und den Hund damit zu ärgern, dass er es nicht bekommt. Sollt ich damit auch nur einen kleinen Ton aus dem Hund herauslocken – Click und Schnapp. Kann mein Azubi so nicht zum Bellen animiert werden, schicke ich ihn nach draußen und ärgere ihn hinter einer geschlossenen Glastür mit einem besonders attraktiven Leckerli, meist einem Wienerwürstchen. Schon der Versuch eines Bellens wird mit Click und Schnapp belohnt und gelobt. Eine andere Methode besteht darin, eine Tür nur einen Spalt weit zu öffnen, so dass der Hund nur seinen Kopf durchstrecken kann. Er wird wieder mit einem besonders tollen und für ihn unerreichbaren Leckerbissen geärgert. Bei manchen Hunden übt ihr Lieblingsspielzeug einen größeren Reiz aus. Der Trainer muss es ihnen abnehmen, damit in der Hand vor ihnen herumstolzieren und sie damit ärgern, dass er es ihnen nicht mehr geben will. Es gibt auch Trainer, die ihre Hunde ein paar Tage hungern lassen, damit sie Laut geben. Diese drastische Methode lehne ich grundsätzlich ab. Lieber vermittele ich einen Hund, der partout nicht auf Kommando Laut geben will an einen Behinderten, der das nicht nötig hat.

Wie Hunde selbständig Probleme lösen können

Hat ein Hund die in diesem Kapitel beschriebenen Übungen oder einen Teil davon gelernt, dann hat er auch gelernt zu lernen. Es ist der Vorteil der Ausbildungsmethode mit dem Clicker, dass der Hund lernt Aufgaben selbständig zu lösen. Sein Hirn und sein Verstand werden so geschult, dass er später neue Übungen um so schneller erlernt. Ich habe schon erlebt, dass Hunde Aufgaben ganz alleine gelöst haben, ohne dass man ihnen das beigebracht hat. So ist zum Beispiel die an MS erkrankte Pia einmal aus ihrem E-Rolli auf die Straße gefallen. Weit und breit war keine Menschenseele zu sehen, die zur Hilfe gerufen werden konnte. Ihr BBH William hat daraufhin versucht, sie hochzuheben. Zuerst hat er sich mit den Vorderpfoten auf ihre Brust gestellt und sie am Kragen hochzuziehen versucht. Natürlich ging das nicht, dennoch zeigt es, dass der Hund sich etwas überlegt hat. Dann ist er um sie herum gegangen und versuchte, sie von hinten mit seinem Kopf aufzustupsen. Als der Hund merkte, dass er ihr auf diese Art auch nicht helfen konnte, rollte er sich so zusammen, dass sie ihren Kopf auf ihn legen konnte wie auf ein Kopfkissen. Bald darauf konnte ein Passant von Pia zu Hilfe gerufen werden. Derselbe William hat ein anderes Mal seinem Frauchen Hilfe herbei geholt. Ich habe schon im Kapitel 1.1. (Was ist ein Behindertenbegleithund) beschrieben, wie der Golden Retrieverrüde einen Fremden auf die missliche Lage seines Frauchens aufmerksam machte. Erst nach dem dort geschilderten Vorfall erfuhr Pia von mir, dass William gar nicht bei mir gelernt hatte, Hilfe zu holen. Ich war und bin der Meinung, dass es schier unmöglich ist, dies einem Hund anzutrainieren. Wie soll der Hund einem Fremden das klar machen? Bellt er ihn an, bekommt der Fremde vielleicht Angst. Der Hund könnte rein theoretisch den Fremden mit dem Fang am Ärmel packen und leicht mitziehen. Sollte das ein Hund machen, bekommen etliche Menschen – gerade bei der heutigen Hysterie um Kampfhunde - Angst. Hat der Hund zwei oder drei Mal keinen Erfolg mit solch einer Methode, lässt er es erfahrungsgemäß bleiben. Ich werde aus diesen Gründen auch in Zukunft meine Hunde nichts derartiges antrainieren. In Extremsituationen baue ich einfach darauf, dass die Hunde selbst einen Weg finden, um ihrem Menschen zu helfen.

Bei einem Vortrag bewies auch meine Demonstrationshündin Aischa, dass sie gelernt hat, Probleme selbst zu lösen. Ich hielt den Vortrag bei einem Wohltätigkeitsclub und zwar vor dem gemeinsamen Essen. Die Tische waren bereits eingedeckt, als ich mit Aischa Apportierübungen und anderes vorführte. Irgendwie hat mich plötzlich der Hafer gestochen und ich bat einen der Zuschauer um seine Gabel, die ich später für Aischa zum Apportieren herunterfallen lassen wollte. Der Mann hat sich spaßeshalber beschwert, dass er nun gar nichts mehr essen könne und verlangt, dass Aischa doch ihm die Gabel apportieren solle. Nun wusste ich, dass Aischa immer nur mir die Sachen bringt und keinem Fremden. So habe ich den Zuschauer auf eine frische Gabel vertröstet. Aischa legte mir alles, was ich herunterfallen ließ, wunderbar in den Schoß. Als aber die Gabel an die Reihe kam, brachte meine Hündin sie wie selbstverständlich zu dem fremden Zuschauer, obwohl dieser sie nicht gelockt hatte. Der Hund hat also gemerkt, dass die Gabel zu dem Fremden gehört und deshalb auch wieder zu ihm zurück gebracht werden muss.

Click und Schnapp werden schließlich überflüssig

Das Training mit Click und Schnapp ist natürlich nur Mittel zum Zweck. Ziel ist es, dass der Hund die Kommandos schließlich auch ohne Clicker und Leckerli ausführt und nur noch mit Worten gelobt wird. Wie gelange ich zu diesem Ziel? Sobald mein Azubi seine Kommandos wirklich versteht, reduziere ich als ersten Schritt die Leckerbissen. Das bedeutet, dass ich manchmal erst nach der dritten oder fünften Übung eines Kommandos ein Leckerli gebe, plötzlich wieder zweimal hintereinander aber auf jeden Fall völlig unregelmäßig und nicht vorhersehbar. Den Clicker benutze ich in dieser Phase noch nach jeder richtig ausgeführten Übung. Hat der Hund seine Übung besonders toll absolviert, erhält er auch mal den sogenannten Jackpot, das heißt eine ganze Hand voll. Mein Azubi weiß also nie, wann er nun die ersehnte Belohnung bekommen wird, obwohl ich weiterhin clicke. Eins bleibt ganz klar: Am Ende einer Übungseinheit bekommen meine Hunde immer ihre Leckerlis, egal ob sie gut waren oder einen schwächeren Tag hatten. Sobald der Hund alle Kommandos nahezu perfekt ausführen kann, verzichte ich im zweiten Schritt auf den Clicker. Dieser Schritt geht schlagartig, ich benutze den Clicker gar nicht mehr, sondern lobe den Hund nur noch mit Worten. Da der Hund nun weiß, was er machen muss, ist es nicht mehr nötig, ihm mit dem Clicker anzuzeigen, wann er es richtig gemacht hat. Mein Azubi kennt in dieser Phase alle Kommandos, die Ausführung hängt allein von seiner Tagesform ab. Sollte es mit dieser einmal hapern, so helfe ich ihm mit meiner Körpersprache weiter, gebe ihm einen Fingerzeig mit der Hand. Tut sich der Hund dennoch über längere Zeit schwer und scheint einige Kommandos wieder vergessen zu haben, was auch bisweilen vorkommen kann, so habe ich immer noch die Möglichkeit, wieder kurzfristig auf den Clicker zurückzugreifen.

1.4.2. Das Apportieren ohne Zwang

Ich behandele das Apportieren ganz bewusst in einem eigenen Kapitel. Es hört sich zwar leicht an, weil viele Hunde gerne Ball spielen und Stöckchen bringen, doch das hat kaum etwas mit dem Arbeitsapportieren zu tun, das vielen Hunden unheimliche Schwierigkeiten bereitet. Sogar der Golden Retriever, der auf das gute und leichte Apportieren hin gezüchtet wird, bekommt immer mehr Probleme damit. Das liegt auch an der heutigen Zucht, bei der mehr auf Schönheit als auf Arbeitswillen Wert gelegt wird.

Apportieren als Arbeit, nicht als Spiel

Ich muss bei jedem Hund ganz vorsichtig, sozusagen bei Null, anfangen. Dazu nehme ich bewusst keinen Ball, damit die Hunde zwischen Spiel und Arbeit unterscheiden lernen. Beim Spiel dürfen sie auch nach ihren Regeln handeln. Da ist es nicht so schlimm, wenn sie den Ball mal nicht bringen, sondern selbst behalten wollen. Bei der Arbeit geht es allein nach meinen Regeln. Auch hier setze ich den Clicker ein. Ich benutze meist einen Gegenstand aus Leder, den sie gerne mögen. Ich werfe das Mäppchen und gebe das Kommando „Apport". Sobald der Hund das Mäppchen aufnimmt, gehe ich mit einem ruhigen, aber großen Schritt auf ihn zu, bleibe dabei aber ganz freundlich. Mit dem Kommando „Aus" versuche ich, den Gegenstand in meine Hand zu bekommen. Will der Hund, was häufig vorkommt, das Apportel nicht hergeben, so muss ich in der Hand schon ein Leckerli als Gegengeschenk halten. Sobald der Hund auslässt – Click und Schnapp. Der Trainer muss seinen Azubi bei dieser Übung genau beobachten und einschätzen können. Es gibt Hunde, die nehmen kurz auf und lassen dann den Gegenstand sofort wieder fallen. In diesem Fall muss ich einfach schneller sein. Ich muss schnell mit meiner Hand unter seinen Fang kommen, damit der Gegenstand in meine Hand fällt. Habe ich es eine Zeit lang mit einem Hund, der zwar schnell aufnimmt das Apportel aber auch schnell wieder fallen lässt, geübt, so verlangsame ich meine Reaktion. Fällt der Gegenstand nun auf den Boden, heißt es „Falsch". Ich spiele dann noch einmal kurz mit ihm, damit der Hund ihn wieder aufnimmt. Auch Hunde, die nicht so exakt apportieren, lernen mit der Zeit, was ich von ihnen will. Als nächste Übung gehe ich mit dem Hund zuerst ein paar Schritte, bevor er mir den Gegenstand auf das Kommando „Aus" in die Hand legt. Funktioniert diese Übung gut, so werfe ich das Apportel und gehe rückwärts vom Hund weg. Dadurch locke ich ihn zu mir. Wichtig ist, dass mein letzter Schritt wieder auf den Hund zu sein muss, damit ich meine Hand schnell unter seinen Fang halten kann. Stoppe ich und gehe nicht mit dem letzten Schritt wieder auf den Hund zu, sind viele von ihnen verleitet, den Gegenstand fallen zu lassen, sobald ich stehen bleibe. Ich entferne mich also zunächst im Rückwärtsgehen vom Hund, mache aber zuletzt den langen Ausfallschritt auf ihn zu und halte meine Hand unter sein Kinn. Kommando „Aus", sobald er es befolgt – Click und Schnapp.

Freudig apportiert Aischa auf Kommando die Gehhilfe

Apportieren vom Rollstuhl aus

Erst wenn mein Azubi das Apportieren gelernt hat, setze ich mich in den Rollstuhl, bleibe mit dem Rolli aber auch in Bewegung. Wenn er das Apportel aufgenommen hat, fahre ich mit dem Rollstuhl rückwärts, um den Hund zu mir zu lenken. Sobald der Hund sich direkt vor mir befindet, stoße ich mit der Hand wieder schnell nach vorne, damit der Hund den Gegenstand nicht auf den Boden fallen lässt. Nach etlichen Übungseinheiten komme ich dem Hund schließlich nicht mehr entgegen, sondern nehme die normale aufrechte Sitzhaltung im Rollstuhl ein, so dass der Hund näher zu mir kommen muss, um korrekt zu apportieren. Das ist erfahrungsgemäß mit vielen Fehlschlägen

70

verbunden, wenn der Hund zu früh auslässt und der Gegenstand auf den Boden fällt. Für ihn heißt das: Falsch. Erst wenn er mir das Apportel richtig in den Schoß gelegt hat, haben wir die Nuss geknackt und können froh sein, dass wir jetzt auf dem richtigen Weg sind. Erst dann wird das Apportieren so geübt, wie der jeweilige Rollstuhlfahrer es braucht. Für die einen ist es besser, wenn der Hund den Gegenstand in den Schoß legt. Andere sind noch so mobil, dass sie lieber die Hand benutzen. Wieder andere können in ihrer Bewegung so eingeschränkt sein, dass der Hund mit den Vorderpfoten auf ihren Schoß springen muss, damit ihr Mensch den Gegenstand aus dem Fang holen kann.

Was tun, wenn der Hund nicht apportieren will?

Nun gibt es aber auch Hunde, die sich partout weigern, irgendetwas auf zu heben, obwohl sie im Test gezeigt haben, dass sie ganz gut den Ball oder das Apportierholz bringen. Das sind wohl die intelligenteren Azubis, die sofort merken, dass das nach Arbeit riecht. Diese Hunde muss ich spielerisch so motivieren, dass sie Spaß und Interesse daran entwickeln. Das Grundprinzip ist, sich für die Hunde interessant zu machen, indem man ihr eigenes Gehabe nachahmt. Beobachtet man Hunde, wie sie ein Stöckchen aufnehmen und damit vor ihrem Kameraden herum stolzieren, so kann man einige Verhaltensweisen erkennen und nachahmen. Der dominantere Hund – in unserem Fall muss das der Trainer sein – zeigt das Stöckchen, wendet sich aber sofort ab, wenn der andere Hund danach schnappen will. Es beginnt ein Fangspiel. Nach Lust und Laune lässt der dominante Hund das Stöckchen auch mal fallen, was in ein Ziehspiel übergeht. Wie man daraus unschwer ablesen kann, muss ein Trainer sich einiges einfallen lassen, um die Hunde bei der Stange zu halten oder sie erst mal dahin zu bringen. Wie mache ich es? Ich nehme einen Arbeitsgegenstand und stolziere in meinem Übungsraum wie ein Pfau umher. Zeigt der Hund nur ein wenig Interesse und will daran schnuppern, so verstecke ich den Gegenstand hinter meinem Rücken. Dann lasse ich ihn kurz hinter dem Rücken hervorblitzen und sofort wieder verschwinden. Auf diese Weise kann ich bei jedem Hund Interesse wecken. Ist er dann so richtig heiß auf den Gegenstand, dann erst werfe ich ihn und der Hund wird ihn aufnehmen. Der Rest ist wie gehabt. Ich muss wieder schnell bei dem Hund sein, damit er das Apportel nicht fallen lässt. Will er ihn nicht loslassen, so muss ich ihn mit einem Leckerli als Gegengeschenk dazu überreden. Ist meine Mitarbeiterin anwesend, so können wir auch mit einem Apportiergegenstand Ball spielen und ihn wie zufällig fallen lassen. Schon haben wir den Azubi wieder dazu gebracht, das Apportel aufzunehmen. Man muss sich immer wieder etwas Neues einfallen lassen, damit dem Hund die Übung nicht zu langweilig wird. Ich kann schon den Einwand hören: Was soll dann der Behinderte machen? Der Rollifahrer hat meist keine Möglichkeit, so mit dem Hund zu spielen oder einen Gegenstand vom Boden selbst wieder aufzuheben. Hierzu muss man grundsätzlich feststellen, dass sich die Situation im Training und die im späteren Alltag als BBH nicht miteinander vergleichen lässt. Im Training durchläuft der Hund immer dasselbe Programm. Alle Übungseinheiten werden im kurzen Wechsel hintereinander geübt. Lebt der BBH später mit seinem Menschen zusammen, so gibt es diese konzentrierten Trainingseinheiten nicht mehr. Dann fällt dem Rollifahrer nach einer längeren Ruhephase für den Hund ein Gegenstand auf den Boden und der Hund ist richtig froh, wenn er sein Spielchen mal wieder mit seinem Menschen spielen darf. Bei mir werden die Hunde im Training eher überfordert, bei ihrem neuen Besitzer eher unterfordert, so dass die Hunde sich wieder gerne in die Arbeit stürzen.

Gegenstände aus Metall oder Plastik

Hat mein Azubi gelernt, mir verschiedene Objekte, die er gerne apportiert, einigermaßen gut in die Hand zu legen, kommt der nächste Schritt. Ich gehe dazu über, ihm Dinge zum Apportieren zu werfen, die ihm nicht so angenehm sind: zum Beispiel aus Plastik und Metall. Wiederum muss der Hund so auf die jeweilige Sache von mir fixiert werden, dass ihm nichts anderes übrig bleibt, als ihn zu apportieren. Anfangs genügt es, wenn er den

Gegenstand nur kurz aufnimmt. Je schwerer die Beschaffenheit des Apportels für den Hund ist, desto schneller muss ich bei ihm sein, um es in Empfang nehmen zu können. Dafür muss ich also wieder zum ersten Schritt der Apportierübung zurückkehren, um es dem Hund leichter zu machen. Spürt ein Hund zum ersten Mal Metall zwischen seinen Zähnen, ist er so erschrocken, dass er es sofort fallen lassen will. Damit er nicht entmutigt wird, komme ich ihm wieder mit einem großen Ausfallschritt schnell entgegen und strecke meine Hand unter seinen Fang. So erreiche ich, dass das ungewohnte Apportel korrekt apportiert wird, und der Hund mit Click und Schnapp und einem besonders überschwänglichen verbalen Lob belohnt wird. Ich hatte selten Schwierigkeiten, einen Hund Dinge aus Metall, Edelstahl oder Plastik aufheben zu lassen. Sobald auch schwierigere Gegenstände meinem Azubi keine Probleme mehr bereiten, gehe ich zur hohen Schule des Apportierens über und beginne dabei mit den Geldmünzen. Dies ist eine der wenigen Gelegenheiten, zu der ich alle meine Hunde gleichzeitig in den Trainingsraum mitnehme. Ich setze mich dann auf einen Stuhl, umrundet von den Hunden, die alle gespannt sind, was nun wohl kommen mag. Feierlich überreiche ich zuerst den Hunden, die schon Geld aufnehmen, eine Münze ins Maul. Nach dem Kommando „Aus" geben mir die geübten Hunde das Geldstück wieder in die Hand. Habe ich diesen Vorgang großartig genug zelebriert, so sind alle anderen Hunde Feuer und Flamme auch so etwas zu bekommen. Die meisten meinen wohl, es würde sich dabei um ein Leckerli handeln. Sie nehmen die Münze erst einmal auf und reagieren ganz unterschiedlich auf die neue Erfahrung. Die einen sind so erschrocken, dass sie wie gelähmt warten, bis ich „Aus" sage. Die anderen spucken mir das Geldstück sofort wieder angeekelt vor die Füße. Auf diese Art und Weise habe ich bisher alle meine Hunde, bis auf eine Ausnahme, die ich aber auch noch nicht aufgegeben habe, dazu gebracht, auch kleinste Münzen oder Büroklammern aufnehmen. Ich werde immer wieder gefragt, wie die Hunde es fertigbringen, so kleine Teile vom Boden aufzunehmen. Ich vermute, dass sie das mit ihrer Zunge bewerkstelligen. Da ich mich aber bisher noch nicht auf den Boden gelegt habe, um den Hunden und ihrer Technik bei dieser Übung auf den Grund zu gehen, bin ich mir nicht sicher. Funktioniert das Apportieren, so ist es mir gleichgültig, wie meine Azubis es machen. Beim Auslassen der Münzen und Büroklammern hängt viel vom Charakter des Hundes ab. Humorvolle Tiere spucken die Sachen mit einem schwungvollen Zungenschlag aus, so dass sie richtig mit Karacho aus ihrem Fang kommen. Ist der Hund so veranlagt, so hält man die Hand nicht unter, sondern vor seinen Fang. Bei den Münzen besteht natürlich die Gefahr, dass ein Hund sie auch mal hinunter schluckt. Nachdem der Labradorrüde Charlie mir einmal ein Fünf-Mark-Stück verschluckte (das nach zwei Tagen wieder auf natürlichem Weg zum Vorschein kam), nehme ich nur noch kleinere Münzen, sonst geht diese Übung zu sehr ins Geld. Man kann schließlich nicht jeder Hinterlassenschaft seiner Azubis nachspüren. Damit die Übungen nicht zu langweiliger Routine werden, variiere ich öfters die Anforderungen. Manchmal muss der Hund etwas aufheben und erst mit mir den Raum verlassen, bevor er das Apportel mir wieder übergibt. Das ist eine wichtige Übung, weil mein Azubi den Gegenstand erst wieder auslassen darf, wenn ich ihm das Kommando dazu gebe. Wie man aus diesem Kapitel ersehen kann, liegen Welten zwischen dem normalen Stöckchen-Spiel und dem arbeitsmäßigen Apportieren. Der Trainer muss auch hierbei viel Zeit und Geduld einsetzen, bis der Hund die Arbeit zu aller Zufriedenheit bewältigt.

Es gibt immer wieder einmal einen Gegenstand, den ein Hund partout nicht apportieren will. Meine Demonstrationshündin Aischa weigerte sich zum Beispiel das Telefon aufzunehmen. Ich war schon ganz verzweifelt darüber. Schließlich ließ ich das ungeliebte Telefon vier bis fünf Wochen ganz aus dem Übungsprogramm weg. Nach dieser Zeit legte ich es auf den Tisch und gab Aischa das Kommando „Apport". Meine Hündin hat es mir gebracht, als sei es für sie eine Selbstverständlichkeit. Ich glaube, Aischa konnte gar nicht verstehen, warum ich sie daraufhin so überschwänglich lobte und fast aus dem Häuschen war.

Apportieren vom Tisch

Das Apportieren vom Tisch muss auch speziell geübt werden. Gerade die gut erzogenen Hunde haben zunächst Schwierigkeiten damit, auf den Tisch hochzugehen, was ihnen normalerweise verboten ist. Sie kennen aber bereits das Kommando „Hoch", mit dem der Trainer sie in sehr freundlichem Ton auf den Tisch hochschicken muss. Mit dem anschließenden Kommando „Apport" lernen die Hunde sehr bald, was ich von ihnen will. Schwierig wird es, wenn mehrere Gegenstände auf einem Tisch oder einem Regal liegen, was außerhalb des Trainingsraums an der Tagesordnung sein dürfte. Deshalb gebe ich meinen Azubis gerade beim Telefon immer das Kommando „Bring das Telefon". Dann weiß der Hund, was er mir bringen soll, auch wenn mehrere Sachen auf dem Tisch liegen. Es wäre allerdings zu viel verlangt, wenn man von einem Hund erwartet, aus einem Sammelsurium auf dem Tisch ein Buch herauszufinden. Dann muss man akzeptieren, wenn der Hund den falschen Gegenstand bringt. Man lobt ihn trotzdem kräftig und schickt ihn so lange zum Tisch, bis der Hund das Richtige gebracht hat. Das Apportieren ist immer noch einer der Hauptaufgaben des BBHs. Auch bei Querschnittsgelähmten, die im Oberkörper noch sehr mobil sind, kommt manchmal eine Notsituation vor, wo sie ohne Hund hilflos wären. So erzählte mir ein durch einen Unfall querschnittsgelähmter Mann, der einen Hund von mir bekam, von solch einem Vorfall. Der Mann saß im Bad auf der Toilette und wollte sich mit einem Zäpfchen abführen, als ihm dieses, zum Glück noch in der Folie eingeschweißt, aus der Hand glitt und in eine für ihn unerreichbare Ecke rollte. Glücklicherweise war sein Hund, wie es sein soll, mit ihm im Bad. Auf das Kommando seines Herrchens fischte er das Zäpfchen erst mit den Pfoten aus der Ecke und brachte es dann unversehrt seinem Menschen. In meinen Augen bedeutet es ein Stück Lebensqualität, wenn die Betroffenen in solch einer Situation nicht darauf angewiesen sind, immer einen Menschen um die kleine Hilfestellung bitten zu müssen.

1.4.3. Zwangsapport

Bevor ich nur eine Zeile geschrieben habe, höre ich schon den Aufschrei der Tierschützer und Tierliebhaber bei diesem Thema. Während meiner Ausbildung in den USA bei NEADS habe ich den Zwangsapport nach Koehler kennen gelernt. Bei NEADS wurde das Apportieren ausschließlich nach dieser Methode gelehrt, der Clicker wurde dafür nicht benutzt. Die Leitung dieser Organisation war der Ansicht, dass nur dieser Weg bei den Hunden nachhaltig zum Erfolg führen würde. Ich hatte allerdings den Eindruck, dass einige Trainer gerne den Clicker benutzt hätten und bin selbst auch der Meinung, dass man das Apportieren erfolgreich ohne Zwang dem Hund beibringen kann. Dennoch hat mir der Zwangsapport in einigen – allerdings wenigen – Fällen weitergeholfen. Wenn ich ihn anwende, dann nach der Methode Koehler, die nichts zu tun hat mit der Art von Zwangsapport, die früher Jäger und manche Hundevereine angewandt haben – hoffentlich tun sie es heute nicht mehr.

Die Methode Koehler

Der Hund muss schon perfekt die Kommandos „Sitz" und „Bleib" beherrschen, sonst hat die ganze Übung keinen Sinn. Man legt dem Hund eine Halsung mit Zug um und nimmt ihn an die Leine, oder am besten an einen Retrieverstrick. Der Retrieverstrick, der Halsband und Leine in einem ist, wird sehr gerne von Jägern benutzt. Sobald man dem Hund den Strick über den Kopf zieht, hat er auch kein Halsband mehr an. Das hat bei der Jagd den Vorteil, dass der Hund nicht in Gefahr ist, sich mit dem Halsband im Gestrüpp zu verfangen und zu verletzen. Ich bevorzuge den Retrieverstrick, weil er so leicht zu handhaben ist. Er ähnelt einem Lasso, wobei sich die Öffnung des Lassos, die in diesem Fall das Halsband ist, mit einem Stopper sehr leicht größer und kleiner machen lässt. Das erleichtert denjenigen unter den Behinderten, die ihre Bewegungen nicht so gut koordinieren können, den Umgang mit Leine und Halsband. Den Retrieverstrick streift man also wie ein Lasso über den Kopf des Hundes. Dann reguliert man mit dem Stopper die Länge des Halsbandes, so dass es weder zu eng noch zu weit am Hals sitzt. Ich lasse den Azubi angeleint neben mir sitzen und stehe neben ihm. Da ich die Hände frei haben muss, stelle ich meinen rechten Fuß auf die Leine. Meinen linken Fuß stelle ich so hinter den Hund, dass er nicht nach hinten ausweichen kann. Mit der linken Hand reiche ich über seine Schulter und lege sie ihm unters Kinn. Damit fixiere ich freundlich aber bestimmt seinen Kopf und kraule ihn zugleich, damit er nicht unsicher wird. In meiner rechten Hand befindet sich das Apportierholz, das ich zunächst hinter meinen Rücken verborgen halte. Dann kann es los gehen. Ich führe das Apportierholz zum Fang des Hundes mit dem Kommando „Apport" und helfe ihm mit einem Finger meiner linken Hand, den Fang aufzumachen. Das geht natürlich nur bei Hunden, die nicht sofort zubeißen, doch diese Tiere wären für meine Ausbildung sowieso nicht geeignet. Sollte ein Trainer einmal dabei einen Finger verlieren, so wäre es zu überlegen, ob er dieses Tier weiter ausbilden möchte. Sobald der Hund das Holz im Fang hat, heißt es wieder „Aus" und ich nehme ihm das Holz wieder ab. Dann wird mein Azubi ausführlich gelobt. Diese Übungseinheit wiederhole ich circa fünf Mal, dann wechsele ich den Platz. Ist der Hund von dieser Übung so erschrocken, dass er nach hinten ausweichen will, so sollte man einen Platz in einer Ecke wählen, wo er nicht nach hinten rutschen kann. Damit erleichtert man dem Hund die Übung. Der Trainer sollte dem Hund auch bei dieser Übung immer vermitteln, dass ihm nichts passieren kann und ihn zur Beruhigung streicheln. Hat der Hund das Holz folgsam aufgenommen und wieder ausgelassen, so sollte man ihn mit „Guter Hund", „Braver Hund" zur Bestätigung kräftig loben. Auf diese Art kann der Hund in Ruhe das Kommando „Apport" erlernen. Die Übung des Zwangsapports sollte man in ein bis zwei Sitzungen täglich wiederholen, damit der Hund sie 15 bis 20 mal täglich absolvieren muss und das eine Woche lang. Hat der Hund die Übung vielleicht schon am zweiten Tag begriffen, so lässt man das Holz etwas länger in seinem Fang. Damit er das Holz nicht herausspucken kann, unterstütze ich ihn, indem ich mit meiner rechten Hand seinen Fang von unten leicht zuhalte, ihn dabei auch kraule. Erst wenn man das Kommando „Aus" gibt, nimmt man das Holz wieder aus seinem Fang. Einige Hunde begreifen diese Übung sehr schnell, andere brauchen etwas Zeit dafür. Prinzipiell sollte diese Übung auf jeden Fall eine Woche lang täglich in dieser Art wiederholt werden, auch wenn der Hund es schon kann.

In der zweiten Woche geht man einen Schritt weiter. Der Hund sitzt wie bereits beschrieben in einer Ecke oder vor der Wand. Ich biete ihm dieses Mal das Apportierholz an, ohne ihm allerdings den Finger zur Unterstützung in den Fang zu stecken. Anfangs wird der Azubi auch seinen Fang öffnen und das Holz entgegen nehmen. Das sollte für den Trainer kein Grund zur Freude sein. Schließlich will er mit dieser Übung dem Hund zeigen, dass er das Holz nehmen m u s s, ob er nun will oder nicht. Es kommt bei jedem Hund der Augenblick, wo er das Apportel nicht aufnehmen will. Mit der linken Hand muss der Trainer den Kopf so fixieren, dass der Hund nicht ausweichen kann. Sollte er den Fang recht schnell öffnen, so ist das zwar gut, aber für die Übung des Zwangsapports nicht unbedingt förderlich. Wünschenswert wäre, wenn der Hund sich sperrt und seine Lippen zusammenpresst. Nun beginnt der Trainer, ganz leicht und vorsichtig mit dem Apportierholz an den Lippen und den Zähnen des Hundes zu reiben und verstärkt dabei allmählich den Druck. Will der Hund bei der Übung nicht mitmachen, so wird er versuchen, mit dem Kopf dem Holz auszuweichen. Nun kommt es auf das Geschick des Trainers an. Er muss den Kopf des Hundes zwischen linker Hand und rechtem Bein so gut fixieren, dass dieser nicht ausweichen kann, und trotz der manchmal heftigen Gegenwehr ununterbrochen mit dem Apportierholz an den Zähnen des Hundes reiben, bis der seinen Fang schließlich öffnet. Dann muss der Hund das Holz noch eine Weile halten, bis das Kommando „Aus" kommt. Ist die Übung erfolgreich bestanden, folgt ein besonders kräftiges Lob. Das Prinzip der Koehler-Methode beruht darauf, dass der Trainer bei Schwierigkeiten keinen Schritt in der Methode zurück gehen darf. Er darf die Nerven nicht verlieren und dem Hund vor allem nicht mit dem Finger im Fang helfen. Diese Hilfe kennt der Hund schon aus der ersten

Woche, nun darf sie nicht mehr angewandt werden, sonst wäre es kein Fortschritt in der Übungsmethode. Der Trainer muss vielmehr beharrlich aber freundlich so lange mit dem Apportierholz an den Zähnen des Hundes reiben, bis er seinen Fang wieder von selbst öffnet. Ich wiederhole diese Übung drei bis vier Mal hintereinander und lasse dem Hund dann eine Pause, während der ich ihn ausführlich lobe. An einem anderen Platz, am besten in einem anderen Zimmer, beginne ich dann von neuem mit der Übung. Auch diese Übung sollte so oft wiederholt werden, dass man sie bis zu 20 Mal täglich mit dem Hund durchführt.

Die dritte Phase des Zwangsapports nach Koehler erfordert vom Trainer noch mehr Geschick. Der Hund sitzt wie gehabt. Mit der linken Hand halte ich die Zugleine kurz und habe dabei noch zwei Finger frei für den Ear pinch, einen Zwick ins Ohr des Hundes. Anders als bei den vorherigen Übungen wird dem Hund das Apportel nun nicht mehr gegen die Lippen gedrückt und gerieben, sondern nur an die Lippen gehalten. Nimmt er es auf, wird er natürlich heftig gelobt und die Übung mit „Halten", solange es erwünscht ist und „Aus" beendet. Um den Ear pinch anzuwenden, muss der Fall eintreten, dass der Hund das Holz nicht auf Kommando freiwillig aufnimmt. Dann zwicke ich ihn ins Ohr. Je nach Schmerzempfindlichkeit des Hundes genügt schon ein ganz leichter Druck. Sollte der Hund nicht darauf reagieren, so steigert der Trainer langsam und vorsichtig den Druck, bis der Hund den Fang öffnet. Man sollte diese Übung nicht überstürzen. Der Hund weiß im Prinzip, was der Trainer von ihm will, weil er das Kommando „Apport" bereits kennt. Es ist also nur eine Frage der Dickköpfigkeit, wann der Hund sich den Willen des Trainers aufzwingen lässt. Die Übung wird wiederum eine Woche lang bis zu 20 Mal täglich wiederholt. Die Amerikaner erzählten mir, dass einige Hunde sich so stark gegen das Apportieren wehren, dass es zwei Trainer braucht, die ihnen gleichzeitig in die Ohren zwickten, um erfolgreich zu sein. Ich würde bei einem Hund nicht so weit gehen, da so ein Tier meines Erachtens auf Dauer nicht zum Apportieren geeignet ist. Wenn ich es nicht allein schaffe, so gebe ich den Hund lieber anderweitig ab, wo diese Fähigkeit nicht von ihm verlangt wird.

In der vierten Woche wird das Apportierholz nicht mehr direkt an den Fang gehalten, sondern etwa fünf Zentimeter davor. Der Trainer darf nicht in die Versuchung kommen, dem Hund mit dem Apportel entgegen zu gehen, wenn der Hund es nicht freiwillig aufnimmt. Er muss den Hund eher mit dem Ohr nach vorne führen. Der Druck ins Ohr sollte wiederum leicht anfangen. Nach der 3. Woche weiß der Trainer bereits, wieviel Druck der jeweilige Hund braucht, um zum Apportieren bewegt zu werden. In dieser Weise geht es Woche für Woche weiter, wobei der Abstand von Apportierholz zum Fang des Hundes allmählich vergrößert wird. In der fünften Woche soll der Hund das Apportierholz vom Boden aufheben. Erst wenn der Azubi dies freiwillig tut, gehen wir auf andere Gegenstände über. Wurden die Hunde konsequent in dieser Weise trainiert, so genügt schon der Griff in Richtung Ohr, damit sie alle Gegenstände, die ihnen angeboten werden, aufnehmen. Die Übungen des Zwangsapports sollten ausschließlich von einem erfahrenen, verantwortungsbewußten Trainer durchgeführt werden. Ich weise sonst niemanden in diese Übungsmethode ein, auch nicht den zukünftigen Besitzer des BBHs, der nicht auf diese Art und Weise mit seinem Hund arbeiten soll.

Wann setze ich den Zwangsapport ein

Ich bringe meinen Hunden grundsätzlich das Apportieren mit dem Clicker bei, bin aber schon an meine Grenzen gestoßen. Es waren vor allem Rüden, die sich plötzlich gesperrt haben. Meist passiert das erst, wenn sie das Apportieren richtig gut können. Dann wollen sie plötzlich nicht mehr das Kommando ausführen. Geschieht das nur einen oder zwei Tage lang, so ist das noch kein Problem. Entweder strenge ich mich besonders an, um ihnen die Übung wieder schmackhaft und abwechslungsreich zu gestalten, oder ich lege eine Pause ein. Merke ich aber, dass der Hund sich wirklich gewollt gegen mich auflehnt und es auf einen Machtkampf ankommen lassen will, greife ich auf das Apportieren nach Koehler zurück. Ich gehe allerdings nicht den sechs Wochen langen Weg, sondern verkürze das ganze Procedere. Da die Hunde das Kommando Apport bereits erlernt haben, gehe ich im Drei-Tage-Rhythmus vor. Nach neun Tagen habe ich die ersten drei Wochen des Koehlerschen Zwangsapport sozusagen im Schnelldurchlauf mit ihnen absolviert, was für meine Zwecke meist ausreicht. Spätestens dann merken die Hunde, dass das Apportieren mit Click und Schnapp für sie doch viel angenehmer ist.

Zuletzt möchte ich nochmals ausdrücklich betonen, dass diese Art des Zwangsapports nichts mit Quälerei zu tun hat. Der Druck wird immer wohl dosiert und nur langsam gesteigert. Der Hund wird bei der Übung auch nicht mit etwas überfallen, was er noch nicht kennt. Er weiß sehr wohl, was von ihm verlangt wird. Nur wenn er sich gegen die Übung Apport sperrt, erst dann wird überhaupt Druck auf ihn ausgeübt. Der Zwangsapport gibt dem Trainer die Möglichkeit, sein Kommando durchzusetzen. Ich bin immer froh, wenn ich nicht zu dieser Methode greifen muss.

1.4.4. Grundgehorsam

Der Grundgehorsam ist das A und O jeder Hundeausbildung. Das scheint nicht sehr schwierig zu sein, da jeder Hund schnell die Kommandos „Sitz" und „Platz" lernt. Er sollte sie aber nicht nur kennen, er muss sie auch immer befolgen, wenn sein Mensch es haben will! Die wichtigsten Kommandos des Grundgehorsams sind „Sitz", „Platz", „Bleib" und „Fuß".

Training drinnen und draußen

Sie werden wie alles andere zuerst gründlich im Trainingsraum geübt. Sehr schnell gehe ich dann aber mit den Hunden nach draußen auf die Straße oder manchmal auf den Hundeplatz. Sobald ich merke, dass mein Azubi diese Kommandos verinnerlicht hat – er muss sie in dieser Phase kennen, auch wenn er sie noch nicht immer sofort befolgt – gehe ich mit ihm zu Fuß in die Stadt. Zu Beginn meiner Trainerzeit habe ich außerhalb des Trainingsraums den Clicker nicht verwendet. Inzwischen bin ich aber dazu übergegangen, das ordentliche Fuß-Gehen im Freien mit dem Clicker zu üben. Nimmt man nur die Leckerli in der Hand oder der Jackentasche mit, um den Hund zu bestätigen, so merkt er das schnell und das birgt eine Gefahr in sich. Der Azubi wird ständig auf der Lauer sein und immer wieder ungeduldig mit seinem Kopf aus der Bei-Fuß-Gehen-Linie ausbrechen, um nachzuschauen, ob er nicht gleich mit einem Leckerli überrascht wird. Dann kommt er aber quer vor den Körper des Menschen und das ist nicht der Sinn der Fuß-Gehen Übung. Benutze ich den Clicker, so kann ich dem Hund damit anzeigen, dass es richtig ist, parallel zum Menschen zu laufen – Click und Schnapp. Das Schnapp bringt ihn zwar auch aus der parallelen Laufrichtung, doch der Hund weiß mittlerweile durch das tägliche Clickertraining, dass der Click ihm anzeigt, wann er etwas richtig gemacht hat.

In der Stadt

Hat mein Azubi vor meinem Haus, auf der Straße oder auf dem Hundeplatz die Übung begriffen, so gehe ich mit ihm in die Stadt. Dort ist jede Übung eine neue Herausforderung, denn überall locken ihn zahlreiche Dinge, die ihn von seinen Aufgaben ablenken können. Ich beginne natürlich nicht mit der belebten Innenstadt, sondern fange mit Randgebieten an, wo die Ablenkung noch nicht so groß ist. Dabei unterbinde ich sofort mit einem kurzen Ruck an der Leine und „Pfui" jedes interessierte Schnuppern an Hausecken, Laternenpfählen und Blumentöpfen. Bei Rüden muss ich insbesondere darauf achten, dass sie nicht Häuserecken markieren, denn es gibt nichts Schlimmeres in der Stadt als Rüden, die ständig ihr Bein heben und ihren Weg markieren. Schließlich wollen wir – der Hund und ich und später auch der Hund mit seinem Rollifahrer - überall ein gern gesehenes Paar sein und uns nicht durch bleibende Andenken unbeliebt machen. Warum mache ich zuerst Stadtbesuche zu Fuß und nicht gleich mit dem Rollstuhl? Der Hund muss während seiner Ausbildung bei mir auf möglichst viele Situationen, die ihn in seinem Leben als BBH erwarten, vorbereitet worden sein. Er muss mit einem Fahrstuhl gefahren sein, in einem Einkaufszentrum gewesen sein und vieles mehr. Ich gehe zuerst zu Fuß, weil ich so beweglicher bin, besser auf den Hund reagieren, ihm die Ängste nehmen kann als im Rollstuhl. Wir machen uns also frohen Mutes auf den Weg in die Stadt. Je nachdem wie der Hund veranlagt ist, geht er selbstbewußt neben mir her oder er ist von den neuen Eindrücken doch etwas verunsichert. Mit den ängstlicheren Hunden drehe ich zuerst nur eine kurze Runde, um sie allmählich daran zu gewöhnen.

Türen passieren

Was übe ich alles in der Stadt? Da ist zum Beispiel das ordentliche durch die Tür gehen. Das hört sich sehr einfach an, muss aber auch trainiert werden. Der Hund muss immer hinter dem Rollstuhl die Tür passieren, damit der Mensch zunächst nachschauen kann, was sich hinter der Tür befindet. Es könnte sich zum Beispiel um etwas Verlockendes handeln, wo der Hund hinstreben möchte. Für den Hund ist es auch eine simple Schutzmaßnahme, hinter dem Rolli durch eine Tür zu gehen, damit der Rollstuhlfahrer ihm nicht versehentlich über die Füße fährt. Ich übe das mit dem Kommando „Folge mir", das mein Azubi bereits im Trainingsraum gelernt hat, und versperre beim Passieren einer Tür dem Hund mit meinem Körper so den Weg, dass er zwangsläufig hinter mir gehen muss. Einer meiner Azubis, der Labrador Moritz, hatte anfangs große Schwierigkeiten in der Stadt. Moritz hatte eine wunderschöne Kindheit, in der er allerdings außer seinem Zuhause und einem Reitstall nichts anderes kennen lernte. Für ihn kam der erste Besuch in der Stadt einem Kulturschock gleich. Vor allem die automatischen Eingangstüren versetzten ihn in Angst und Schrecken. Ich nahm daraufhin einen zweiten Hund mit. Moritz ging mit diesem Begleitschutz problemlos durch die Tür in ein Geschäft oder eine Bank hinein. Doch beim Verlassen des Gebäudes überkam ihn dann wieder die alte Furcht. Nach dem Motto: „Nichts wie raus hier!" stürmte Moritz durch die Tür. Solange ich mit Moritz zu Fuß in der Stadt war, besserte sich sein Verhalten in der Beziehung nicht. Erst als ich die Besuche im Rollstuhl absolvierte, gelang es mir, ihm das richtige Verhalten anzutrainieren. Ich versperrte ihm dann mit dem schräg gestellten Rollstuhl den Weg, so daß er gar nicht hinaus ziehen konnte und gab ihm ruhig das Kommando „Folge mir". Innerhalb nur einer Woche lernte Moritz auf diese Weise, dass man ein Geschäft auf genauso ordentliche Art verlässt, wie man es betritt. Wir haben jetzt also mit mehr oder weniger Erfolg die erste Tür passiert. Für diese Übung mit meinen neuen Azubis besuche ich immer Geschäfte, wo ich weiß, dass ich mit meinen Hunden äußerst willkommen bin. Die Inhaber und ihre Angestellten kennen uns so gut, dass sie jeden neuen Hund immer sehr herzlich begrüßen, ihn streicheln, begutachten und mit ihm schmusen. In dieser Atmosphäre merken meine neuen Azubis schnell, wie schön es auch in der Stadt ist und wie freundlich die Menschen zu ihnen sind. Nun kommen wir zum Liftfahren. Haben wir den Lift wie oben beschrieben betreten, so soll sich der Hund bei mir immer an der rückliegenden Wand der Kabine hinsetzen, damit andere Liftbenutzer sich durch seine Anwesenheit nicht gestört fühlen. Die Angst vor Hunden ist heutzutage so weit verbreitet, dass ich mich mit meinem Training darauf einstellen muss. Die meisten Menschen beruhigt es allerdings, wenn der Hund im Lift ruhig in der Ecke sitzt. Er vermittelt damit gleich den Eindruck, dass er ein friedlicher Gefährte ist, was bei meinen BBHs auch stimmt. Ganz wichtig: Rolltreppen sind für jeden Hund absolut tabu. Sollte er beim Verlassen der Treppe zu spät die Pfoten heben, so ist die Gefahr zu groß, dass er erst mit dem Fell und dann mit der ganzen Pfote in die Maschinerie der Rolltreppe gezogen wird.

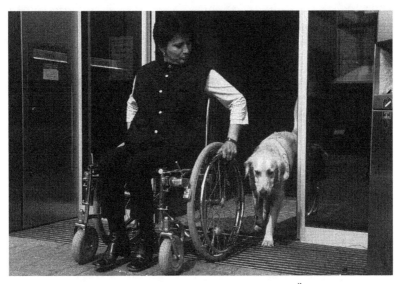

Das Türen durchgehen gehört zur täglichen Übung

Links und rechts bei Fuß gehen

Ich führe normalerweise meinen Hund links. Teilweise geht der Hund bei mir auch rechts, worauf ein anerkannter Hundetrainer mit Entsetzen reagierte: Der Hund geht links! Für den Jäger macht das Sinn, denn rechts hängt das Gewehr und rechts wird geschossen, seine rechte Hand muss folglich frei sein. Im täglichen Leben ist es hingegen nicht nur egal, auf welcher Seite sich der Hund befindet, manchmal ist es sogar besser, wenn er rechts geht. Es gibt viele Rollstuhlfahrer, die aufgrund einer Erkrankung kaum Kraft in den Armen haben. Begegnet ihnen nun auf einem Gehweg ein anderer Mensch mit angeleintem Hund, würden beide Hunde – wenn sie links Fuß gehen – vielleicht direkt aneinander vorbei gehen müssen. Das kann erfahrungsgemäß zu Kabbeleien führen, während deren die Hundebesitzer ihre Tiere mit der Leine voneinander wegziehen müssen. Ist der Rollifahrer dazu kräftemäßig nicht in der Lage, führt das zu Stress, Streitereien und schlimmstenfalls dazu, dass er gewisse Wege meidet und sich vielleicht gar nicht mehr raus traut. Hat der BBH gelernt auch rechts am Rolli zu gehen, so kann der Behinderte seinen Hund rechtzeitig auf die andere Seite des Rollstuhls schicken und so die Situation entschärfen. Der Rolli dient in diesem Fall als natürlicher Puffer. Ist das Paar auf einem sehr schmalen Gehweg unterwegs, ist es sinnvoller für den Hund auf der Seite der Häuserwand am Rolli zu gehen, um aus der Gefahrenzone Verkehr weg zu sein. Deshalb lernen meine Hunde sowohl rechts als auch links das Fuß-Gehen. Am Anfang meiner Zeit als Hundetrainerin habe ich zwei verschiedene Kommandos benutzt. Sollte der Hund links gehen so hieß es „Fuß" sollte er rechts gehen, benutzte ich „Rad". Mittlerweile bin ich dazu übergegangen für beides das gleiche Kommando zu geben, da ich dem Hund einfach mit einer Handbewegung anzeigen kann, auf welcher Seite er gehen soll.

Treppen gehen

Zu dem Training in der Stadt gehört auch das Treppengehen. Nun werden sich einige Leser verwundert fragen: Warum denn das? Ganz einfach: Muss ein Mensch für größere Strecken einen Rollstuhl benutzen, bedeutet das nicht, dass er nicht mit Gehhilfen oder der Unterstützung eines Angehörigen auch Treppen zu Fuß bewältigen kann und manchmal auch gehen muss, weil es in einem Haus keine Rampen gibt. In dieser frühen Phase meines Ausbildungstrainings, in der ich noch nicht weiß, an wen der Hund später vermittelt wird und zu welchem Behinderten er passt, muss ich daher alle Möglichkeiten im Auge behalten. Hinzu kommt, dass der BBH später vielleicht auch einmal von einem Angehörigen des Behinderten mitgenommen wird. Es ist für jeden, ob gehbehindert oder nicht, sehr unbequem und manchmal auch gefährlich, wenn der Hund den Menschen an der Leine hinter sich die Treppe regelrecht hinunter zieht und das machen viele Hunde. Das korrekte Treppengehen ist wie vieles in dieser Ausbildung allein durch konsequentes Wiederholen zu erlernen. Beginnt der Hund zu ziehen, so bleibe ich stehen und verbinde das mit einem strengen „Nein" und „Fuß". Wird das auf diese Weise ein halbes Jahr lang geübt, weiß der Azubi, wie er eine Treppe korrekt hinauf und hinunter zu gehen hat.

Großstadtübungen

Kennen meine Azubis die Stadt bereits und lassen sich nicht mehr sonderlich von diesen Besuchen beeindrucken, so teste ich ihren Gehorsam an einem Markttag im Menschengewimmel. Ich habe festgestellt, dass sich die wenigsten Hunde davon sehr aus der Ruhe und der Konzentration bringen lassen. Weitaus ängstlicher reagieren die Hunde auf Einkaufszentren mit viel Glas, Spiegeln und eventuell auch Marmorboden. Da kann es schon passieren, dass der eine oder andere Hund eine Vollbremsung einlegt und sich mit allen Vieren dagegen stemmt weiterzugehen. Ich lasse mich durch solche Panikattacken nicht von meinem Plan abbringen. Der Hund muss durch diese Erfahrung durch. Doch kürze ich den Besuch dieser für den Hund Angst einflößenden Umgebung auf wenige Minuten ab. Beim nächsten Mal nehme ich als zusätzlichen Begleiter einen erfahrenen Hund mit, für den so eine Passage selbstverständlich ist. Dieses Vorbild vermittelt meinem Neuling erfahrungsgemäß das Gefühl der Sicherheit und baut seine Ängste sehr schnell ab. Es genügt in der Regel, wenn der erfahrene Hund zwei oder drei Mal bei diesen Besuchen als Begleiter mitkommt.

Nur noch im Rolli unterwegs

Parallel zu den Fuß-Arbeiten in der Stadt lege ich Übungseinheiten mit dem Rollstuhl ein. Dazu gehe ich anfangs entweder vor meinem Haus auf die Straße oder auf einen leeren Parkplatz, damit mein Azubi ohne größere Ablenkungen das Gehen am Rollstuhl erlernt, bevor ich es mit ihm auch in der Stadt trainiere. Merke ich, dass mein Hund schon recht ordentlich mit mir zu Fuß durch die Stadt geht, so setze ich mich in den Rollstuhl. Das bedeutet nicht nur Training für den Hund sondern auch für mich. Habe ich den Rollstuhl längere Zeit nicht mehr benutzt, so enden solche Übungen meist mit kräftigem Muskelkater in

Armen und Beinen, der sich allerdings nach einigen Fahrten wieder legt. Mein Azubi durchläuft nun alle bereits bekannten Situationen wieder als Begleiter eines Rollstuhlfahrers. Bin ich mit dem Rollstuhl unterwegs, so verlasse ich ihn nicht, sondern stehe erst wieder auf, wenn ich ihn ins Auto lade. Es versteht sich von selbst, dass ich im Rollstuhl den Clicker nicht mehr benutze. Dazu fehlen mir ein bis zwei zusätzliche Hände. Ich muss schließlich den Rolli mit den Händen anschieben und den Hund an der Leine korrigieren, habe also beim besten Willen keine Hand zum Clicken frei. Nun geht alles nur noch über das verbale Lob. Hat mein Azubi eine Weile lang wirklich gut gearbeitet, dann gibt es ein Leckerli. Ich lasse ihn dazu hinsetzen, lobe ihn feste und gebe ihm eine leckere Belohnung.

Manchmal spreche ich auch Passanten an und bitte sie um Hilfe. Ich rutsche dann im Rolli etwas nach vorne und bitte sie, mich wieder in die richtige Sitzposition aufzurichten. Es gibt unter den Rollifahrern einen Personenkreis, die diese Hilfe öfters brauchen. Dabei kann ich überprüfen, ob mein BBH jeden Fremden an mich heran lässt, wenn Hilfe nötig ist. Oft werde ich auch von den Passanten auf meinen Hund angesprochen. Sie loben ihn meist als tollen Helfer. Ich erkläre ihnen dann, dass ich die Hunde als Trainerin für Rollstuhlfahrer ausbilde. Ich freue mich über diese spontanen Kontakte, die die Passanten über den Hund mit der Rollstuhlfahrerin knüpfen, beweisen sie doch, welch gute Rolle der BBH als Mittler zwischen Behinderten und Nicht-Behinderten spielen kann. In meiner Situation als Trainerin, die sich voll und ganz auf den Hund konzentrieren muss, können diese nett gemeinten Gespräche – vor allem wenn sie sich häufen – allerdings zu Störfaktoren werden. Denn sobald ich mich mit einem Fremden länger unterhalte, nützt das mein Azubi wie jedes Schulkind dazu aus, sich Kindereien einfallen zu lassen. Er bleibt entweder nicht sitzen, zieht zu einem anderen Hund hin oder macht sonst irgendeinen Blödsinn. Meine Bekannten in Homburg verstehen meine Zwickmühle und haben sich schon darauf eingestellt, dass ich relativ kurz angebunden bin, wenn ich mit einem meiner Azubis auf Achse bin. Ich habe dann nach ihren

Aussagen den Lass'-mich-in-Ruhe-und-nerv'-mich-nicht-weiter-Blick. Manchmal hilft er, manchmal aber auch nicht.

Das lange Warten müssen im Auto

Der Ausflug in die Stadt beginnt mit der Übung: Wie steige ich aus dem Auto aus. Mein Azubi muss so lange im Auto ruhig sitzen bleiben, bis ich den Rollstuhl heraus gehoben und mich fertig gemacht habe. Natürlich durfte er auch bei den Stadtbesuchen, die ich zuvor mit ihm zu Fuß vorher absolviert habe, nicht einfach aus dem Auto springen, sondern musste auf mein Kommando warten. Neu an der Übung ist für ihn das weitaus längere Warten im Auto. Ich lasse mir beim Aussteigen nun betont Zeit, damit der Hund merkt, dass er warten muss. Ist er einmal bei seinem neuen Menschen, so dauert das Aussteigen in der Regel noch länger als bei meinem Training. Wie übe ich das? Habe ich einen sehr temperamentvollen, jungen Hund, dann nehme ich keinen anderen Hund im Auto mit und meine Co-Trainerin begleitet mich. Sie bleibt im Auto sitzen, hält den Hund an der Leine, gibt ihm das Kommando „Bleib" und streichelt ihn beruhigend, während ich die Heckklappe des Wagens öffne. Dann übernehme ich den Hund noch im Kofferraum des Kombis, halte ihn ebenfalls fest - natürlich liebevoll - und gebe ihm wieder das Kommando „Bleib". Erst mit dem Kommando Runter lasse ich ihn aus dem Auto springen. Sobald wir merken, dass der Hund nicht mehr allzu sehr nach draußen zieht, lassen wir die Leine weg. Als nächsten Schritt zeigen wir dem Hund nur noch mit der aufrechten Handfläche in Manier eines Verkehrspolizisten und dem Kommando „Bleib", dass er im Auto bleiben soll. Das kann man dann auch allein machen. Schließlich genügt das Kommando „Bleib". Es versteht sich von selbst, dass ich anfangs nicht an verkehrsreichen Straßen übe, um den Hund, sollte er doch einmal blitzschnell hinausflitzen, nicht unnötig zu gefährden. Ist der Hund doch ohne Kommando aus dem Auto gesprungen, so muss er selbstverständlich gleich wieder in den Kofferraum hinein. Er darf erst wieder auf Kommando aus dem Auto, und dann lobe ich ihn kräftig. Sobald der junge Azubi das begriffen hat, was in der Regel sehr schnell geht, nehme ich auch wieder einen oder zwei weitere Hund im Auto mit. Ich ziehe dann in der Stadt nur dem Hund, mit dem ich übe, den Retrieverstrick über den Kopf. Die zwei anderen müssen im Kofferraum meines Kombis sitzen bleiben und warten, bis sie zum Stadtspaziergang an der Reihe sind. Sollte ich mehr als drei Hunde im Auto haben und derjenige, mit dem ich üben will, auf dem Rücksitz sitzen, so lasse ich ihn auch zur Seitentür heraus. Die Fahrertür ist für meine Hunde aber absolut verboten! Sie merken das allein schon daran, dass ich diese Tür nach dem Aussteigen sofort schwungvoll hinter mir zu knalle. Warum? Hat ein Hund sich erst einmal die Unsitte angewöhnt, zur Fahrertür hinauszuspringen, so kann es auch passieren, dass er das probiert, wenn der Fahrer, sprich sein Herrchen, noch bei geöffneter Tür im Wagen sitzt. Es muss nur eine Katze am Auto vorbeilaufen und schon ist der Hund auf und davon und der Fahrer hat keine Kontrolle mehr über seinen Hund.

Im Slalom durch Geschäfte

Ich übe mit meinen Hunden auch gerne in größeren Bekleidungsgeschäften. Dort kann man gut das Abbiegen nach rechts und links und das Kommando „Folge mir" trainieren. Oft sind die Verkaufstische in den Geschäften für meine Zwecke genau richtig aufgestellt. Der Durchgang dazwischen ist gerade breit genug für den Rollstuhl, so dass meinen Azubis nichts anderes übrig bleibt, als mir zu folgen und nicht vor oder neben mir zu gehen. Beim Abbiegen muss mein Azubi auf die Kommandos „Rechts" und „Links" reagieren. Kennt der Hund die Kommandos noch nicht sicher, so helfe ich ihm, indem ich ihn in die richtige Ausgangsstellung bringe. Dafür stoppe ich ihn mit meiner Hand vor der Brust ab. Erst wenn er die richtige Position neben dem Rolli eingenommen hat, folgt das Kommando, zum Beispiel „Links" und ich biege ab. Ist in dem Geschäft genügend Platz, so übe ich auch die Kehrtwendung mit dem Rolli. Man sollte sich dabei möglichst in die Gegenrichtung zum Hund umdrehen, damit er im Außenradius mit dem Rollstuhl gehen kann und seine Pfoten nicht Gefahr laufen, unter den Rollstuhl zu geraten. Der Besuch beim Metzger gehört ebenso zum Grundgehorsams-Training. Dort muss mein Azubi sich in gebührendem Abstand zur Theke auf den Boden legen und ruhig liegen bleiben. Nur bei meiner Vizsla-Hündin Luzy habe ich eine Ausnahme gemacht. Weil sie im Winter wegen ihres sehr kurzen Fells auf den Platten zu sehr fror, durfte sie in diesem Fall stehen bleiben. Mir persönlich ist es im Prinzip egal, ob ein Hund im Geschäft ruhig steht, sitzt oder liegt. Hauptsache, er bleibt dort, wo man ihn hinschickt, bis man fertig eingekauft hat und drängt nicht zur Theke vor. Auf die anderen Kunden im Geschäft und die Verkäufer macht es allerdings einen besseren Eindruck, wenn er sich hinlegt, weshalb ich das auch grundsätzlich mit meinen BBHs trainiere. Die Hunde müssen nicht nur lernen, sich in jedem Geschäft ordentlich zu benehmen, manchmal müssen sie auch vor einem Geschäft warten. Um das zu üben, suche ich mir ein Geschäft mit Glastür oder Glasfront aus, damit ich meinen Azubi gut beobachten kann. Ich lasse ihn anfangs nur für ein paar Sekunden draußen warten, vergrößere dann die Zeitspanne immer mehr bis auf etwa zehn Minuten.

Auch wenn es schwer fällt, der Hund muss sich auch in der Metzgerei ruhig verhalten

Unerwartete Situationen

Natürlich bleibe ich im Rollstuhl sitzen, bis ich wieder am Auto bin, damit die Passanten nicht verunsichert werden. Durch meine jahrelange Tätigkeit kennen mich zwar bereits viele Menschen in Homburg und wissen, warum ich öfter mit dem Rollstuhl unterwegs bin. Dennoch kann ich nicht einfach davon ausgehen, dass das jeder Passant weiß. Ich möchte auch nicht andere Rollstuhlfahrer in Mißkredit bringen, indem ich mich als Simulantin oute. Nur zu Beginn meiner Trainertätigkeit ist mir einmal ein dummer und zugleich komischer Fauxpas passiert. Ich bin im Rollstuhl auf unserem Marktplatz gefahren, der nicht eben ist, sondern an einem leichten Hang liegt. Im Rollstuhl hat man natürlich den Eindruck, es sei ein richtiger Berg zu bewältigen. Auf diesem abschüssigen Gelände war ich also mit Rollstuhl und Azubi unterwegs und habe wohl einen Moment lang nicht richtig aufgepasst. Jedenfalls schoß mein Azubi plötzlich quer vor dem Rollstuhl vorbei einem anderen Hund entgegen, der mit Herrchen und Frauchen an uns vorbeikam. Dabei wurde ich fast aus dem Rollstuhl gerissen. Ich stand blitzschnell auf, woraufhin mein Rollstuhl sich nach hinten den Hang hinunter verabschiedete. Das Herrchen des anderen Hundes sprang hinter meinem Rolli her. Und während ich mich noch mit den Worten entschuldigte: „Entschuldigung, ich bin nicht behindert!", schob er mir den Stuhl bereits wieder unter den Po und sagte: „Das macht gar nichts!" Ich nehme an, dass dem Ehepaar genauso wie mir die Komik der Situation erst im Nachhinein aufgegangen ist. Seitdem habe ich mir geschworen, nicht mehr aus der Rolle zu fallen. Im Rollstuhl muss sich der Trainer auf angenehme und unangenehme Situationen gefasst machen. Angenehm ist es, wie es mir einmal geschah, dass man im Geschäft bei großer Betriebsamkeit vorgelassen wird. Ich denke, dass man das ohne schlechtes Gewissen annehmen darf.

Gerade am Anfang der Ausbildung, wenn für die Hunde noch alles ungewohnt und aufregend ist, kommt es auch zu sehr unangenehmen Situationen wie zum Beispiel mit meinem Rüden Max. Ich war mit ihm in einem Geschäft und alles hatte wunderbar geklappt, als ich plötzlich durch den Aufschrei der Verkäuferin aufgeschreckt wurde. Ich wußte zunächst gar nicht, was los war, als ich auch schon ein Plätschern hörte. Vor lauter Stress hatte mein Rüde Max das Wasser nicht mehr halten können und es einfach ins Geschäft laufen lassen. Auch mit meiner Vorführhündin Aischa ist mir einmal etwas Ähnliches passiert. Ich war mit ihr und meiner Margaux, beide an der Leine, in einer sehr großen Eingangshalle. Gleich beim Betreten bemerkte ich, dass Aischa sich in dieser Umgebung fürchtete. Sie legte umgehend die Bremse ein. Den Regeln entsprechend bin ich mit den Hunden schnell durch die ungewohnte Halle gegangen. Sobald ein Hund unsicher ist, soll man nicht trödeln, damit er keine Zeit hat, sich zu sehr zu ängstigen. Ich bin also schnell nach dem Motto: Da musst du durch! durch die Halle gegangen, habe meine Sachen abgegeben und ging auf demselben Weg wieder hinaus. Auf dem Rückweg habe ich einen riesigen Hundehaufen bemerkt und mich auch noch über die Rücksichtslosigkeit von Hundebesitzern aufgeregt, die so etwas nicht wegräumen. Erst als ich wieder zu Hause war, ist mir ein Licht aufgegangen: Der Haufen hatte noch einen sehr intensiven, ganz frisch gelegten Geruch und sah aus wie der Kot von Aischa. Offensichtlich hatte sich meine Hündin vor lauter Stress während des Gehens erleichtert. Auch auf solche Dinge muss man als Hundetrainer gefasst sein. Bemerke ich solch ein Malheur, so ist es für mich natürlich selbstverständlich, dass ich es auch entferne.

Bus und Bahn fahren

Zu den alltäglichen Erfahrungen, die der BBH kennen lernen muss, gehören auch Bus und Bahn. Fangen wir mit der Bahn an. Anfangs nehme ich einen bereits bahnerfahrenen Hund mit, um meinem Neuling ein Gefühl der Sicherheit zu vermitteln. Wir besuchen also zu dritt den Bahnhof und beobachten die Züge beim Ein- und Ausfahren. Je nach der Wesensfestigkeit des Tieres geschieht das zunächst in respektvollem Abstand, bis wir uns auf den Bahnsteig vorwagen, wo der Zug vorbeikommt. Einige Hunde haben Angst vor dem Lärm der großen Maschine.

Andere wie mein Mischling Yeti sind davon begeistert. Yeti musste ich davon abhalten, vom Bahnsteig auf die Gleise zu springen, um genau zu sehen, wohin das laute Ding verschwindet und warum es so einen Krach macht. Ist der Hund auf dem Bahnhof schon sicher, so spreche ich mit der Bahnverwaltung meinen nächsten Besuch ab. Ich lasse mir einen Zug nennen, der einen längeren Stop in Homburg einlegt, damit ich mit dem Hund das Ein- und Aussteigen in den Zug üben kann. Beim Einsteigen muss der Hund als erster in den Zug hinein und sich dort hinsetzen. Ich übe das mit meiner Co-Trainerin, die mit dem Hund in den Zug hineinsteigt und darauf achtet, dass er dort mein Kommando „Sitz" befolgt. Ich folge dem Hund in den Zug und bleibe mit ihm ein paar Minuten drin, bevor wir wieder aussteigen. Beim Aussteigen bin ich die Erste, der Hund muss auf das Kommando „Bleib" im Waggon warten, bis ich ausgestiegen bin. Meine Co-Trainerin hält den Hund an der Leine und lässt ihn erst auf mein Kommando „Hier" aus dem Zug springen. Nach ein paar Wiederholungen haben meine Azubis das gelernt. Beim Busfahren kommt mir die Verwaltung auch immer sehr entgegen. Ich kann das Ein- und Aussteigen mit einem Bus üben, der nach Dienstschluss abgestellt ist, oder dessen Fahrer gerade Pause macht. So kann ich die Übung gleich mit dem Rolli durchführen. Der Hund wird wieder als erster hineingeschickt, muss warten, bis ich etwas umständlich mit dem Rolli in das Gefährt eingestiegen bin. Wir bleiben eine kurze Weile im Bus, dann fahre ich wieder hinaus und der Hund wartet auf mein Kommando zum Aussteigen. Schon nach dem ersten Übungstag mit einer Hilfsperson müsste der Hund wissen, dass er nicht allein gelassen wird, sondern nur kurz warten muss, bis er gerufen wird.

In fremder Umgebung

Kennt mein Azubi unsere Heimatstadt aus dem Effeff, biete ich ihm eine neue Umgebung an. Das bedeutet, dass ich in Nachbarstädte fahre, mir große Einkaufszentren aussuche und über andere Märkte mit ihm gehe. Man glaubt gar nicht, welche neue

Erfahrung das für einen Hund sein kann. Teilweise hat man den Eindruck, dass der Hund in einer fremden Umgebung plötzlich alles vergessen hat. Für meinen Azubi ist Homburg dasselbe, was für andere Hunde der Ausbildungsplatz ist. Sie kennen die Wege in der vertrauten Umgebung in- und auswendig. Auch Hundebesitzer, die ausschließlich auf dem Hundeplatz trainieren, haben festgestellt, dass ihr Hund das Erlernte in anderer Umgebung vergessen zu haben scheint. Genauso ergeht es meinen Hunden in einer fremden Stadt. Besuche ich mit meinem Azubi also eine ihm unbekannte Stadt, geht alles erst einmal wieder von vorne los. Hat er aber dann bereits drei oder vier andere Orte durchlaufen, wird er auch auf neuem Terrain immer ruhiger und konzentrierter. Das ist wichtig als Vorbereitung für die Umstellung auf seinen neuen Menschen und dessen Wohnort. Ich kann als Trainer die Probleme der Einschulung vor Ort nicht ganz ausräumen, versuche aber, mit dem Besuchen in Nachbarstädten die Eingewöhnung zu erleichtern.

Das Bellen auf Kommando

Das Bellen auf Kommando kann man in der Stadt einsetzen, wenn etwa eine Stufe den Weg in das Geschäft für den Rollifahrer versperrt. Das geht natürlich nur bei kleineren Geschäften, zum Beispiel in der Apotheke, in der man üblicherweise Kunde ist. Der Hund macht dann auf sich und seinen Menschen mit Bellen aufmerksam. Einer meiner Rollstuhlfahrer hat beispielsweise diese Hilfe gebraucht, wenn er zur Krankengymnastik fuhr, weil er die Eingangsstufen zu dem Haus nicht bewältigen konnte. Die Therapeuten wussten ungefähr, wann der Mann laut Terminplan kommen würde. Gab sein Hund dann vor dem Haus Laut, so kam gleich jemand dem Rollstuhlfahrer zu Hilfe. Ich selbst habe auch einmal das Bellen eingesetzt und zwar auf einer Bank. Die Bankangestellte war ins Gespräch mit einer Kollegin vertieft und drehte mir den Rücken zu. Da stach mich der Hafer und anstatt mich dezent zu räuspern oder zu hüsteln, habe ich meinen Hund kurz bellen lassen. Die Wirkung war ungleich stärker als auf jedes Hüsteln. Die Bankangestellte hat es schier herum, gerissen. Ich konnte mir diesen kleinen Spaß erlauben, weil wir uns gut kannten und die Frau das auch nicht missverstanden hat.

Die Wurfkette

Beim Grundgehorsam geht es leider nicht immer nur mit positiver Motivation. Ab und zu muss man dem Hund einfach klar machen, jetzt ist Schluss! Für mich ist das geeignete Mittel dafür eine Wurfkette. Ich nehme entweder ein Kettenhalsband oder eine Kette aus dem Baumarkt. Im Tierfachhandel gibt es auch Metallketten mit kleinen Scheiben. Die Wirkung der Kette beruht zum einen auf dem Geräusch. Bedenkt man, dass der Hund viermal besser hört als der Mensch, so kann man sich ungefähr den Effekt des Kettenrasselns auf das Tier vorstellen. Der zweite Faktor beim Kettenwurf ist der Überraschungseffekt. Daher ist es wichtig, dass der Mensch schnell auf das Fehlverhalten des Hundes reagiert und sofort die Kette wirft, um ihn zur Ordnung zu rufen. Der Hund soll erschrecken, deshalb ist es nebensächlich, ob man ihn trifft oder nicht. Günstig ist, wenn die Kette auf einen Asphaltboden fällt, der das Geräusch verstärkt. Wie und wann setze ich sie ein? Ich benutze sie, wenn meine Hunde zwar nicht bei Fuß gehen müssen, aber in meinem Umkreis bleiben sollen. Komme ich zum Beispiel beim Spaziergang an eine Weggabelung, so will ich nicht, dass einer meiner Hunde schon zwanzig Meter vor mir dort läuft, weil ich nicht weiß, was uns hinter der Gabelung erwartet. Auf mein Kommando „Da bleiben" müssen sich in dieser Situation meine Hunde im Umkreis von einem oder zwei Meter um mich befinden. Die Kette halte ich schon parat. Sobald einer der Hunde sich zu weit weg wagt, werfe ich ohne Kommando oder Vorwarnung die Kette in Richtung seines Kopfes. Selbst wenn ich ihn treffen sollte, tut ihm das nicht weh. Das Geräusch der fallenden Kette wird ihn aber auf jeden Fall erschrecken und wieder zur Vernunft bringen. Manche Hunde brauchen bis zu drei Würfe, bevor sie kapieren, dass das kein lustiges Spiel ist, sondern eine ernst zu nehmende Disziplinierungsmaßnahme. Ich hatte schon Hunde, die mir anfangs freudig die Kette apportiert haben. Doch nach ein paar Würfen weiß der

Hund meistens, was Sache ist. Die Hunde verstehen die Kette sehr gut. Ihre Sprache ist schnell und prägnant. Haben die Hunde den Sinn des Kettenwurfes verstanden, so genügt schon ein leises Klimpern, um sie zur Ordnung zu rufen. Daher muss ich sie nur am Anfang der Ausbildung einige Male wirklich als Wurfobjekt einsetzen.

Ich nehme die Kette deshalb gerne, weil auch viele Rollstuhlfahrer sie benutzen können und sei es nur als Warnung. Der Ketteneinsatz ist auch in anderen Situationen sinnvoll, wie zum Beispiel in der Stadt. Sollte mein Azubi dort einen anderen Hund verbellen oder an der Leine zu ihm hinziehen, so werfe ich schnell die Kette vor seinen Kopf und schon ist der fremde Hund für ihn nicht mehr so interessant. In diesem Fall muss ich die Kette gezielt vor den Kopf des Hundes werfen und sollte möglichst nicht sein Hinterteil treffen. Natürlich muss ich bei solchen Aktionen mit dem Missmut meiner Mitmenschen rechnen, die das für eine arge Quälerei halten. Ich bin anderer Meinung: Meines Erachtens ist es schlimmer für den Hund, wenn er dauernd im Halsband hängt und so an der Leine zieht, dass er kaum mehr Luft bekommt. Ich bestehe auch darauf, dass meine Rollstuhlfahrer die Kette während der Einschulung mindestens einmal werfen, um ihnen die Scheu davor zu nehmen. Es ist natürlich auch schon vorgekommen, dass ein Hund sich während der Einschulung so vorbildlich benommen hat, dass keine Gelegenheit zum Kettenwurf war. Abschließend möchte ich feststellen, dass der Kettenwurf, mit dem man dem Hund keinen Schaden zufügt, als Möglichkeit zur Disziplinierung eine feine und wirkungsvolle Sache ist.

1.4.5. Der Trick mit dem Blick – oder was mache ich, wenn nichts mehr hilft?

Man setzt beim Training eigentlich noch viel zu wenig die Signale, das heißt die Sprache des Hundes ein. Hunde verständigen sich mit Körpersprache oder einfach mit Blicken und das sehr effektiv. Sie können einem Artgenossen mit einem einzigen Blick klar machen: Ich bin der Boss, bis da her und nicht weiter! Ein Mensch würde sich in einer ähnlichen Situation in eine wortreiche Erklärung stürzen und weitaus weniger damit bewirken. Wie funktioniert nun dieser Meisterblick? Auch bei dieser Beschreibung gehe ich, wie immer, von freundlichen Hunden aus, die dem Menschen gegenüber keine Aggressionen haben. Vor allem etwas sensiblere Hunde können während der Ausbildung, wenn sie keine Lust mehr haben und meinen, zu streng behandelt zu werden, sich ganz sperren. Hat der Trainer sie in zu scharfem Ton angegangen, so fallen sie regelrecht in sich zusammen. Ich habe dabei manchmal den Eindruck, dass sie ihre Hilflosigkeit auch ganz bewußt gegen den Trainer ausspielen. Nach dem Motto: Bitte tu mir nichts, ich weiß ja gar nicht was du willst!, entziehen sie sich geschickt allen Kommandos. Als Trainer ist man in dieser Situation ziemlich hilflos, weil man nichts mehr in der Hand hat, um den Hund umzustimmen. Diese sensiblen Hunde halten permanent den Blickkontakt zum Menschen aufrecht, um ihn damit zu dominieren. In der Hundesprache ist das ganz eindeutig. Wenn man sich mit geradem Blick und offenen Augen in die Augen schaut und dabei nicht die Lider senkt, will man seinem Gegenüber klar machen: Ich bin der Boss! Wer am längsten durchhält ohne die Augen niederzuschlagen, hat gewonnen. Merkt man also, dass der Hund einem in die Augen schaut, muss man ganz ruhig aber ernst zurückstarren. Dreht der Hund daraufhin kurz die Augen weg, so ist der Machtkampf noch nicht gewonnen. Er will damit nur testen, ob sein Gegenüber immer noch starrt oder damit schon zufrieden ist. Sollte letzteres sein, so setzt der Hund seinen Blick sehr schnell wieder auf. Man muss diesem Blick daher so lange standhalten, bis man merkt, dass der Hund unsicher wird, sich vielleicht auch über die Lefzen leckt und schließlich sein Haupt senkt. Dann hat man gewonnen. Ich hatte mit Kena, einer sehr sensiblen Hündin, eine schwierige Phase, in der sie nicht apportieren wollte. Egal, was herunterfiel, sie legte sich einfach hin und schaute mich von unten mit ihrem sensiblen Blick an: Ach, bitte tu mir nichts, ich kann ja nichts dafür, ich habe meine sensible Phase! Gott sei Dank sind mir die Körpersprache und die Beschwichtigungssignale wieder eingefallen und ich habe den Blick eingesetzt. Was war das Resultat? Mein Sensibelchen Kena senkte demütig ihren Kopf, sprang auf meinen Schoß und leckte mir Entschuldigung heischend übers Gesicht nach dem Motto: Es war ja nicht so gemeint! Dann ging sie zu dem Apportel und brachte es brav in meinen Schoß. Ich musste den Blick nur zweimal anwenden und fortan klappte das Apportieren wieder tadellos. Auch meine Vizsla-Hündin Luzy war ähnlich in ihrem Charakter: Hochsensibel, was sie weidlich ausnützte, aber auch sehr stur. Sobald ich ihr gegenüber einen etwas energischeren Ton anschlug, ging gar nichts mehr. Luzy flüchtete sich in diesen Situationen auf eine Couch, setzte sich hin und starrte mich an: Totalverweigerung! Auch bei ihr habe ich lediglich zweimal den Blick anwenden müssen, bis sie unsicher wurde und wieder mitarbeitete. Diesen Blick sollte man nur bei dem eigenen Hund anwenden und möglichst nicht bei fremden Hunden ausprobieren. Er kann nämlich als Aggression empfunden werden. Gerät man damit an einen aggressiven, dominanten Hund und starrt ihn auf solche Weise an, so kann man einen Angriff auslösen, weil solch ein Hund unbedingt zeigen muss, dass er der Stärkere ist. Also: Möglichst keine fremden Hunde auf diese Weise anstarren! Diese Hundesprache können auch die Behinderten, egal wie immobil sie sind, gut einsetzen. Der Trick mit dem Blick funktioniert auch durch eine Brille.

1.4.6. Tellington Touch – Wellness für den Hund

Die Grundlage zu Tellington Touch hat ein israelischer Physiker namens Dr. Moshe Feldenkrais entwickelt, der sich mit einer ganz neuen Methode selbst therapierte. Durch einen Autounfall hatte Dr. Feldenkrais schwere Verletzungen an beiden Beinen davongetragen. Die Ärzte rieten ihm zu einer Operation, gaben ihm aber nur eine fifty-fifty-Chance zur völligen Gesundung. Moshe Feldenkrais entschied sich gegen die Operation und „entschlossen, seine Beine und seinen Körper umzuerziehen, arbeitete er ein Programm aus, das die gewohnte Art seiner früheren Gehweise umging und statt dessen jede vorstellbare alternative Bewegungsmöglichkeit mobilisierte bis hin zum winzigsten und kleinsten Muskelspiel. Nach zwei Jahren konnte er wieder gehen" (Zitat aus

„Der neue Weg im Umgang mit Tieren„ von Linda Tellington-Jones und Sybill Taylor, Kosmosverlag). „Seine Methode, jetzt in der ganzen Welt bekannt, unter Bewußtsein durch Bewegung (Awareness through movement) und die Feldenkrais-Methode zur funktionellen Integration sind begründet auf der erstaunlichen Tatsache, dass wir nur weniger als zehn Prozent unserer vorhandenen Gehirnzellen nutzen„ (Zitat aus demselben Buch). Mitte der 70er Jahre entwickelte dann Linda Tellington-Jones den Tellington Touch für Pferde. Sie hatte eine vierjährige Ausbildung bei Moshe Feldenkrais absolviert, seine Methode erlernt und übertrug sie nun vom Mensch auf das Tier, vor allem auf Problempferde, um bei ihnen das seelische Gleichgewicht wieder her zu stellen und Muskelverspannungen zu lösen. Linda Tellington-Jones lebte auf einer Ranch in den USA, wo sie nicht nur Pferde sondern auch Hunde und andere Tiere um sich hatte. Nachdem ihre Tellington-Touch-Methode sich bei Pferden bewährt hatte, kam sie auch auf den Hund. Sie modifizierte ihre Methode nochmals für Hunde und wurde zur Ausbilderin von vielen auch deutschen Tellington Touch Spezialisten. Wie geht man in der Tellington Touch Methode mit dem Hund um? Man bearbeitet den Körper des Hundes mit sanften kreisenden Bewegungen. Die Hände sollten immer den vollen Kreis um ein Viertel überschreiten. Man beginnt also entsprechend dem Zifferblatt einer Uhr bei 6 Uhr, geht über 12 Uhr wieder zu 6 Uhr und beendet die Kreisbewegung erst bei 9 Uhr. Es gibt für diese Methode die verschiedensten Griffe, deren detaillierte Erklärung allerdings den Rahmen dieses Buches sprengen würde. Gute Literatur über die Tellington-Touch-Methode ist überall erhältlich. Durch diese kreisenden Bewegungen werden die Nervenenden und –stränge angesprochen. Damit kann das innere Gleichgewicht des Hundes wieder hergestellt werden, Spannungen gelöst und der Stress abgebaut werden. Ich bearbeite also meine Azubis mit kreisenden Bewegungen, angefangen vom Kopf über die Ohren, den Rumpf, die Beine bis zur Rute je nachdem, welche Zielsetzung ich mir gebe. Will ich einen Hund beruhigen, so werden es, wenn er sehr aufgeregt ist, schnellere Kreisbewegungen sein an ganz verschiedenen Körperstellen. Dadurch soll der Hund zunächst einmal auf mich aufmerksam werden. Ist ein Mensch aufgeregt, so hilft es ihm meistens nichts, wenn man ihn mit den Worten besänftigen will: Komm, du musst dich nicht so aufregen! Auch einen aufgeregten Hund kann man nicht mit sanften, langsamen Bewegungen ablenken. Es muss vielmehr schnell gehen, sozusagen blitzartig und trotzdem sanft, damit der Hund sich erst einmal darauf konzentrieren muss, was da gerade mit ihm passiert. Die Tellington-Touch ist Wellness für den Hund. Sein Wohlbefinden wird gesteigert, der Stress wird abgebaut und die Verbindung Hund-Mensch wird wesentlich enger. Genauso wie wir Menschen uns ab und zu ein Wellness-Wochenende gönnen wollen, sollten wir das unseren Hunden per Tellington-Touch zukommen lassen. Es ist auch möglich, Schmerzen damit zu mildern. Und am wichtigsten: Man kann eigentlich nichts falsch machen. Den einzigen Fehler, den man begehen kann, ist der, dass man die Bewegungen nicht perfekt ausführt. Dann wird sich die beabsichtigte Wirkung vielleicht nicht so schnell einstellen, aber schaden kann man damit dem Hund nicht. An den Reaktionen der Hunde ist sehr schön abzulesen, wie sie das Touchen genießen. Sie bekommen dann gleich einen verträumten, fast verklärten Gesichtsausdruck und geben sich ganz der Behandlung hin. Wann setze ich den Tellington-Touch ein? Ich behandele damit meine Neuankömmlinge, damit sie Vertrauen zu mir fassen und den Trennungsschmerz besser verkraften. Will ich bei einem Azubi die Konzentrationsfähigkeit erhöhen, so touche ich ihn unmittelbar vor einer Trainingsstunde. Ist ein Hund sehr unruhig, richtig zappelig, so kann man ihn durch Touchen sehr gut zur Ruhe bringen. Bei unserem ersten Sommerfest 2001 hatten wir auch Vorträge im Programm. Bei der Veranstaltung waren etwa zehn bis zwölf Hunde anwesend, die sich alle ruhig verhielten. Nur dem acht Monate alten Golden Retriever Lucky wurde es langweilig. Er jaulte, er kläffte, er stand unruhig auf und legte sich wieder hin und wollte sich einfach nicht mehr beruhigen lassen. Der Hund kannte mich, weil er schon als Welpe bei mir in der Ausbildung war, zu dieser Zeit das Training aber entwicklungsbedingt für längere Zeit ausgesetzt wurde. Ich setzte mich also zu dem unruhigen Lucky auf den Boden und begann zuerst mit schnellen Kreisbewegungen ihn zu touchen. Als ich merkte, dass er sich auf mich konzentriert, habe ich ihn etwa zehn Minuten lang ganz ruhig und sachte am ganzen Körper getoucht. Von dem Zeitpunkt an war Ruhe im Raum und Lucky konnte wie die anderen Hunde auch den Vortrag von einer Stunde über sich ergehen lassen. Ich bin auch dazu übergegangen, die Touchgriffe meinen Behinderten beizubringen, weil ich fest davon überzeugt bin, dass auf diese Weise die Bindung zwischen Mensch und Hund verbessert werden kann. Selbst wenn die Behinderten die Kreise manchmal nicht so exakt ausführen können, weil die Hände vielleicht nicht mehr so beweglich sind, macht das nichts. Man kann die Hand zur Faust ballen und den Hund damit oder mit dem Handrücken bearbeiten. Kann der Mensch sich nicht zum Hund hinunterbücken, so kann der Hund sich zum Touchen auf eine Couch legen. Es finden sich immer Möglichkeiten, dass auch eine Person mit einem Handicap seinen Hund touchen kann. Nun mögen viele Leser einwenden, warum denn ein Streicheln oder Schmusen nicht genauso gut ist? Die kreisenden Bewegungen sind auf jeden Fall wirkungsvoller, sie aktivieren Nervenzellen und bereiten dem Hund einen größeren Genuss als die üblichen Streicheleinheiten.

Auch das ruhige Liegen trotz Ablenkung muss geübt werden

1.5. Die Welpen

Weshalb man so spät angefangen hat, BBHs bereits im Welpenalter zu trainieren, frage ich mich auch. Schließlich ist schon lange bekannt, dass jeder Hundehalter seinen Hund vom ersten Tag an erzieht. Bei Welpen beginnt das mit acht Wochen. Dann befindet sich der junge Hund bis etwa zur zwölften Woche im Kindergartenalter. „Während dieser wenigen Wochen besucht der Welpe den „Kindergarten", erlernt er die ersten Kommandos... SITZ, BLEIB, HIER." (Zitat aus „Neue Wege der Jagdhundeausbildung„ von Richard H. Wolters, Kynos Verlag 1993). Wieder einmal hat Bonnie Bergin den ersten Schritt gewagt und Welpen die Anfangsbegriffe eines BBH beigebracht. Sie war von dem Erfolg so überzeugt, dass sie im Jahr 2000 diese Idee beim ersten Treffen der europäischen BBH-Trainer propagierte. Bei der Welpenausbildung geht es nicht nur um die Sozialisierung des Hundebabys, sondern um ein gezieltes BBH-Training angepasst an das Alter des Hundes. Ich war begeistert davon, diesen neuen Weg selbst auszuprobieren. Dann kam mir auch noch der Zufall zur Hilfe. Zwei Hundebesitzer, die in meiner Nähe wohnten, baten mich darum, ihre Welpen für sie als BBH auszubilden. Der Ausgangspunkt war ideal: ich konnte ohne Risiko den neuen Weg einschlagen. Es hat sich gezeigt, dass ein Hundebaby ähnlich wie ein Kind seine Lektionen wesentlich leichter und schneller erlernt, als ein erwachsener Hund. Als angenehmer Nebeneffekt fallen bei dem spielerischen Lernen im Hundebabyalter die Machtkämpfe zwischen Schüler und Lehrer weg.

1.5.1 Auswahl und Welpentest

Ob man einen Welpen oder einen erwachsenen Hund für die Ausbildung aussucht, ist nicht nur eine Glaubensfrage, sondern auch eine Kostenfrage. Sucht man Welpen aus, so läuft man immer Gefahr, dass sie schließlich doch nicht geeignet sind. Große Ausbildungsstätten haben ein eigenes Zuchtprogramm, das aber auch keine 100prozentige Erfolgsgarantie sichert. Selbst wenn Eltern und Großeltern eines Wurfes zur Ausbildung geeignet waren, so können unter ihren Nachkommen immer wieder ungeeignete und kranke Welpen sein. Fehlstellungen der Hüften können im Welpenalter noch nicht diagnostiziert werden. Das bedeutet für den Ausbilder, dass diese jungen Hunde ein Jahr lang Kosten für Futter, Impfung und Entwurmen verursachen, die sich auf etwa 1000 Euro belaufen. Sollte sich der Welpe nach einem Jahr wegen seiner Gesundheit als ungeeignet herausstellen, sind das Verantwortungsgefühl und das Bankkonto des Trainers gefordert. Sollte der finanzielle Hintergrund des Trainers schwach sein, besteht die Gefahr, den Standard der gesundheitlichen Auswahlkriterien zu tief zu hängen, nur weil er wirtschaftlich denken muss.

Ohne eigenes Zuchtprogramm kann der BBH-Trainer sich glücklich schätzen, wenn er aus dem Wurf eines seriösen Züchters ein Hund auswählen darf. Hat der Züchter ein Herz für BBHs und ihre soziale Aufgabe und schenkt den Hund, so ist das die Krönung. Auch aus einem Wurf von Mischlingswelpen kann man sich einen Hund heraussuchen. Wichtig wäre allerdings, dass man selbst oder der Besitzer weiß, aus welchen Rassen diese Mischung hervorgegangen ist.

Man sucht sich in einem Wurf weder den dominanten noch den ängstlichsten Welpen aus. Am liebsten sind die ruhigen Mitläufer ohne hervorstechenden Merkmale. Sie sind weder die ersten an der Futterstelle noch beim Kämpfen. Sie sollten aber auch nicht diejenigen sein, die von den anderen ständig weggebissen werden, immer als letzte an den Fressnapf kommen und sich sofort verkriechen, wenn sie einen fremden Menschen sehen. Man ist bei Welpen viel auf die Aussagen und die Beobachtungsgabe des Züchters angewiesen. Bei einem liebevoll aufgezogenen Wurf kennt der seriöse Züchter alle Eigenarten seiner Tiere aus dem Effeff. Um Züchter, die ihre Tiere ohne menschlichen Kontakt im Keller oder in einem Stall halten, sollte man einen großen Bogen machen, egal wie gut ihre Papiere sind oder zu sein scheinen. Sollte man mit Züchter und Wurf zufrieden sein, so folgt der eigene Test des anvisierten Mittelhundes. Hierfür eignet sich am besten der Campbell-Test, mit dem die Charaktereigenschaften des Hundes und sein soziales Verhalten zum Menschen überprüft werden kann. Zu diesem Campbell-Test, der aus neun Teilen besteht, gibt es Testbögen mit dazu passender Bewertungstabelle. Getestet werden die Bindung an den Menschen, der Folgetrieb, die Unterwürfigkeit, das Sozialverhalten, der Bringtrieb, die Geräuschempfindlichkeit, der Beutetrieb und die Wesensfestigkeit des Welpen. Wir beschreiben im Folgenden, wie sich ein Welpe verhalten sollte, damit er zur Ausbildung zum BBH geeignet ist. Bindung an den Menschen: Für den Test setzt man den Welpen in einen ihm unbekannten Raum etwa 1.5 Meter entfernt vor die Testperson. Der Welpe sollte schnell mit hoch erhobenem Schwänzchen zu der fremden Person kommen. Bleibt das Schwänzchen unten, so ist das auch noch akzeptabel. Folgetrieb: Der Tester steht nun auf, geht vom Welpen weg und lockt ihn mit Worten. Der Welpe sollte dem Menschen schnell mit erhobenem oder nicht erhobenen Schwänzchen folgen. Unterwürfigkeit: Um das Dominanzverhalten des Welpen festzustellen, legt man ihn sanft auf den Rücken und hält ihn für 30 Sekunden fest. Der Welpe darf sich etwas wehren, muss sich aber entweder von selbst oder unter Blickkontakt mit dem Menschen wieder beruhigen. Sozialverhalten: Ob der Welpe die menschliche Überlegenheit akzeptiert, kann man herausfinden, wenn man sich vor den Welpen setzt, ihn streichelt und mit ihm spricht und sich dabei ganz nahe mit dem Gesicht über seinem Kopf befindet. Der Welpe sollte in dieser Situation sich an den Menschen anschmiegen und versuchen ihm das Gesicht zu lecken. Oder er sitzt ganz ruhig, lässt sich streicheln und leckt oder kaut die Hände dabei. Ein weiterer Test seines Sozialverhaltens geht so: Man hebt den Welpen mit unter dem Bauch gefalteten Händen hoch und zieht ihm so den Boden unter den Füßen weg. Der Welpe sollte sich hierbei nicht wehren, sondern entspannen und eventuell mit dem Schwanz wedeln. Bringtrieb: Es ist ganz wichtig, den Bringtrieb zu testen, da eine auffallende Wechselbeziehung zwischen Apportierfähigkeit und erfolgreichen Arbeitshunden besteht. Man zeigt dem Welpen ein Papierknäuel und wirft es dann etwa 1.50 Meter weit weg. Sobald der Welpe hinläuft, geht man selbst wiederum etwa 70 cm zurück und animiert ihn, das Knäuel zu bringen. Der Welpe sollte dem Papier nachjagen, es aufnehmen und mit ihm zum Prüfer zurückkehren. Es genügt auch, wenn er dem Papier zwar nachjagt und ohne es zum Prüfer zurückkommt. Geräuschempfindlichkeit: Um die Ängstlichkeit eines Welpen zu testen, setzt man den Welpen in die Mitte des Testraums und schlägt dann in einiger Entfernung mit einem Metalllöffel zweimal kräftig auf eine Metallpfanne. Der Welpe sollte das Geräusch orten und neugierig werden. Beutetrieb: Dafür bindet man ein Handtuch an eine Schnur und zieht es vor dem Welpen vorbei. Er sollte neugierig werden und das Tuch untersuchen oder zumindest hinschauen, auch wenn er sich nicht vorwärts bewegt und sein Schwänzchen unten bleibt. Wesensfestigkeit: Um festzustellen, wie intelligent ein Welpe auf einen fremden Gegenstand reagiert, öffnet man einen Schirm vor dem Welpen und stellt ihn etwa 1.50 m entfernt auf den Boden. Der Welpe sollte entweder zum Schirm gehen und ihn untersuchen oder neugierig gucken, wenn er nicht auf den Schirm zugeht. Zeigt der Welpe eine andere als die hier beschriebenen Reaktionen, ist er zu draufgängerisch und aggressiv oder zu ängstlich und passiv, so hat er den Campbell-Test nicht bestanden. Ich nehme keinen Welpen, der auch nur einen Teil dieses Tests nicht zu meiner Zufriedenheit bestanden hat. Ich möchte aber darauf hinweisen, dass mit diesem Test nur die Charaktereigenschaften des Hundes überprüft werden können. Er sagt nichts darüber aus, ob der Hund später ein guter BBH wird und schon gar nicht, ob er gesundheitlich zur Arbeit geeignet sein wird.

1.5.2. Die Ausbildung und Unterbringung der Welpen

Im Prinzip unterscheidet sich die Ausbildung eines Welpen nicht wesentlich von der eines erwachsenen Hundes. Für mich als Trainer macht die Arbeit mit so einem kleinen Hundebaby von acht oder neun Wochen aber noch mehr Spaß. Wenn man sieht, mit welcher Leichtigkeit und Schnelligkeit der noch tapsige Hund lernt, möchte man nur noch Welpen ausbilden. „Manchen mag es zu früh erscheinen mit einem acht oder neun Wochen alten Welpen die Ausbildung zu beginnen. Wissenschaftler haben herausgefunden, dass das Hirn des 12 Wochen alten Hundes physisch zur Erwachsenengröße entwickelt ist. Ein junges Hirn – gleich ob vom Kind oder Hund – ähnelt einem trockenen Schwamm, der bereitwillig alle Informationen aufnimmt, die ihm zufließen." (Richard A. Wolters, „Neue Wege der Jagdhundeausbildung"", Kynos Verlag, 1993, S. 30). Natürlich darf ich einen Welpen nicht überfordern und fange noch behutsamer an als bei einem älteren Hund. Die erste Trainingsstunde beginnt wie beim erwachsenen Hund: Ich clicke und es gibt – Schnapp – ein Leckerli. Um zu gewährleisten, dass der Welpe nur ein seinem Alter entsprechend verdaubares Leckerli erhält, sollte dies ausschließlich Welpenfutter sein. Nach etwa zehn Click und Schnapp fange ich an, in bewährter Manier das Leckerli über seinen Kopf zu halten, damit er sich hin setzt. Funktioniert das schon relativ gut, so nehme ich das Platzkommando schon hinzu. Während der Trainingeinheiten, die für den Welpen anfangs vielleicht fünf Minuten dauern, sollte man auch genügend Pausen einlegen. Bei den Welpen ist das recht einfach, man muss sich als Trainer nur auf den Rhythmus des Hundes einrichten. Meine jungen Azubis zeigen mir sehr schnell, wann sie eine Pause brauchen. Sie schwenken dann, nachdem sie zuvor gut und konzentriert mitgemacht haben, plötzlich ab und laufen im Trainingsraum umher, schnüffeln und interessieren sich für alles nur nicht für die Schulstunde. Im Gegensatz zu meinem sonstigen Prinzip, dass immer der Trainer die Übungseinheiten beenden soll, mache ich bei den Welpen eine Ausnahme. Sie dürfen mir anzeigen, wenn sie eine Pause benötigen. Es hat sich allerdings gezeigt, dass die Welpen, wenn sie eine Weile herumgeschnüffelt haben, immer wieder freiwillig zu mir zurückkommen und wir das Training fortsetzen können. Natürlich beende ich wie beim erwachsenen Hund das Training immer nach einer erfolgreichen Übung.

Auch beim Targetstab gehe ich in gleicher Weise vor, wie im Kapitel Ausbildung des erwachsenen Hundes beschrieben. Der Welpe muss zuerst von sich aus den Stab mit der Schnauze anstupsen – Click und Schnapp. Bis der Welpe so groß ist, dass er mit der Schnauze an meinen tiefer angebrachten Schalter reicht, dauert es allerdings mehrere Wochen. Das Baby muss erst zum Kleinkind herangewachsen sein. Das Kommando „Bank" jedoch kann man schon mit dem Baby üben. Ich nehme dazu einen Sessel, damit auch das Hundebaby das Gefühl kennen lernt, sich unter ein Möbelstück zu ducken und hinzulegen. Schicke ich einen Welpen unter einen Tisch, so realisiert er gar nicht, dass er unter dem Tisch liegt, weil der Abstand zur Tischplatte zu groß ist. Auch das Apportieren von kleinen Gegenständen kann man mit dem Welpen üben. „Sitz", „Platz", „Bleib", „Apport", „Bank" und mit dem Targetstab „Touch Licht" sind die Übungseinheiten, die man bereits ab einem Alter von acht Wochen einem Hund abverlangen kann.

Bevor der Hund mit vier bis fünf Monaten in die Zahnung kommt, kann man auch das leichte Ziehspiel mit einem Socken üben. Sobald die Zahnung beginnt und sich die Milchzähne lockern, muss man mit dem Spiel aufhören, weil es dem Hund zuviel Schmerzen bereitet. Auch das Apportieren wird dem Hund dann schwerfallen. Man unterbricht das Training und nimmt es mit sechs, sieben Monaten, wenn der Hund seine zweiten Zähne bekommen hat, wieder auf.

Mit allen Übungen, bei denen der Hund hochspringen muss, warte ich, bis mein Azubi älter ist. Es gibt hierfür keine eindeutige Richtzahl. Beobachte ich, dass ein sechs Monate alter Hund bereits überall gerne hinaufspringt und auch Treppen läuft, dann kann ich Übungen wie zum Beispiel mit den Vorderpfoten auf einen Stuhl springen ins Training aufnehmen. Es kommt also immer auf die individuelle Entwicklung meines Schülers an. Ich hatte einen Golden-Retrieverrüden - er wurde mir als Welpe geschenkt – der bis zum Alter von sieben Monaten nicht freiwillig ins Auto sprang. Ich musste Merlin immer hineinheben. Bei ihm habe ich dann mit Trainingseinheiten, die das Hochhüpfen erfordern, gewartet, bis er ein Jahr alt war, um seine Knochen und Hüften zu schonen. Man hat einfach gemerkt, dass alles, was die Hinterhand belastet, Merlin Schwierigkeiten bereitete. Das Röntgenbild zeigte, dass er offensichtlich keine Hüftdysplasie hatte, sondern wohl nur Wachstumsschmerzen. Solche wachstumsbedingte bedingte Beschwerden in den Knochen findet man häufig bei großen Hunden, die sehr schnell wachsen. Das kann sowohl in den Vorder- als auch in den Hinterbeinen auftreten und sogar zum Lahmen führen. Bei meinem ersten BBH Kyra traten diese Beschwerden mit 15 Monaten auf, kurz bevor ich sie an ihren neuen Menschen abgeben wollte. Bei mir war der Schreck natürlich groß. Um Gottes willen, die ganze Arbeit umsonst, der Hund hat vielleicht Ellenbogendysplasie! Selbstverständlich habe ich das sofort beim Tierarzt überprüfen lassen. Auf dem Röntgenbild konnte er aber erkennen, dass meine Befürchtungen grundlos waren. Die manuelle Untersuchung brachte dann zu Tage, dass bei Kyra die Wachstumsfugen schmerzten. Mein Tierarzt hat mir daraufhin versichert, dass Kyra spätestens mit zwei Jahren beschwerdefrei sein würde und er behielt recht. Solche Wachstumsschmerzen können auch schon bei Welpen auftreten.

Ich gehe auch mit meinem Azubi-Kind in die Stadt und habe die Erfahrung gemacht, dass die Welpen viel offener und neugieriger auf diese neue Erfahrung reagieren. Sie sind vor allem weitaus weniger ängstlich als ein erwachsener Hund, der das Treiben in der Stadt noch nie gesehen hat. Ich bin bereits froh, wenn mein Welpe schon einigermaßen an der Leine läuft und mir nicht ständig vor die Füße springt. Und so erkunden wir dann die große weite Welt. Die gesamte Erziehung des Welpen, ob in der Stadt, oder beim Grundgehorsam oder dem Spezialtraining verläuft spielerisch. Wenn Hundebesitzer dabei zuschauen könnten, würden sie sich bestimmt mit ihrem Welpen ein bißchen mehr beschäftigen. Einmal in der Woche in die Welpenstunde reicht nicht aus. Aber täglich eine kleine Übungseinheit mit dem Hundebaby und es erlernt spielend ein gutes Benehmen, das es auch als erwachsener Hund nicht vergißt.

Im Idealfall habe ich für meinen Welpen eine Patenfamilie, zu der ich ihn gebe, sobald er die Grundkommandos und das Spezialtraining gelernt hat. Ungefähr ab dem vierten Monat kommen die jungen Hunde ins Rüpelalter. Es ähnelt der Trotzphase des Kindes. Man erhält fast den Eindruck, dass sie alles Erlernte wieder vergessen haben. „Alles was er schon recht schön „konnte", ist wie weggeblasen... . Diese Zeit, sie ähnelt der Trotzphase des Kindes, geht, ebenso wie bei diesem, mit Sicherheit vorüber. Hier heißt es, konsequent, ruhig und freundlich zu sein. Man kann sehr viel verderben..." (Eric H. W. Aldington, „Von der Seele des Hundes„, Gollwitzer 1986, S. 64) Nach dieser „dummdreisten, flegelhaften„ Phase (wie Aldington es so schön beschreibt) kommt wieder eine ruhigere Zeit, bevor etwa ab dem neunten Monat die Pubertät beginnt. Die jungen Hunde werden aufsässig, wollen kein Kommando befolgen und verlegen sich auf Machtkämpfe. Dann sollte man sie aus dem Training herausnehmen, damit sie aller Ruhe bei einer Familie erwachsen werden. Zwischen dem 12. und 18. Monat kommen sie wieder zu mir und können nach einem kurzen Auffrischungskursus an ihren neuen Menschen abgegeben werden. Obwohl sie in der Zwischenzeit nicht trainiert wurden, haben sie ihre Übungen nicht vergessen. Das ist für mich das Faszinierende an der Welpenausbildung.

Finde ich keine Patenfamilie für meine Welpen, so bleibt der Azubi bis er fertig ausgebildet ist und abgegeben werden kann bei mir, blockiert dadurch aber den Platz für einen neuen Hund. Das ist aber nur möglich, weil ein gemeinnütziger Verein dahinter steht, der nicht Gewinn orientiert denken muss.

1.6. Rücknahme eines Hundes

Nicht immer verläuft alles wie am Schnürchen. Genauso wie Menschen manchmal trotz der besten Bemühungen nicht zueinander passen, kann das bei dem Team Mensch-Hund passieren, auch wenn sie anfangs wie das ideale Paar aussehen. Trotz der sorgfältigen Auswahl der Hunde und der einfühlsamen Zusammenstellung der Paare kann es geschehen, dass das Team doch nicht zusammenfindet und eine reibungslose Zusammenarbeit nicht möglich ist. Dann muss man als Trainer in den sauren Apfel beißen und den Hund zurücknehmen. Jeder BBH-Trainer kann, wenn er oder sie ehrlich ist, von solchen Fällen erzählen und auch bei mir ist das bisher mehrmals vorgekommen. Das sind die schwärzesten Tage im Berufsleben eines Hundetrainers, die man am liebsten vergessen oder totschweigen möchte. Doch so hart solche Erfahrungen sind, man lernt auch daraus und man sollte auch offen über solche Fehlschläge reden. Beim ersten Mal handelte es sich um die Golden-Retrieverhündin Mara, die als BBH für die mehrfachbehinderte junge Frau L. bestimmt war. Frau L. muss aufgrund ihrer Erkrankung den Rollstuhl benutzen und ist zudem gehörlos. Die Hündin war in meinen Augen sowohl für die Hörarbeit als auch für die Arbeit am Rolli bestens geeignet. Frau L. besuchte mich zwei Mal im Vorfeld und die Hündin entwickelte schnell eine innige Beziehung zu ihr. Alles sprach dafür, dass die zwei ein Traumteam werden würden. Als die Einschulung begann, war Mara noch völlig auf ihr neues Frauchen fixiert und gehorchte ihr besser als mir. Es klappte alles wie am Schnürchen. In der zweiten Woche bemerkte ich, dass das Blatt sich urplötzlich wendete. Der Hund blockte von einem auf den anderen Tag ab, wollte nicht mehr für sein neues Frauchen arbeiten. Zuerst hielt ich es für die ganz normale Reaktion, die bei allen Hunden nach ein paar Tagen einsetzt. Sie ziehen sich zurück, müssen die neue Situation erst einmal verkraften. Bei der Golden Retriever-Hündin stellte sich diese Reaktion zwar unerwartet spät ein, aber ich dachte zunächst an nichts schlimmeres. Im Nachhinein ist man immer klüger, aber damals habe ich nicht erkannt, dass Mara nicht zu dieser jungen Frau wollte, dass sie abblockte. Diese ersten Anzeichen verstärkten sich zunehmend im Zusammenleben des Teams nach der Einschulungsphase. Die Hündin machte zwar nach wie vor ihre Arbeit gut, gehorchte aber immer weniger ihrem neuen Frauchen. Nach dem Spaziergang weigerte sie sich zum Beispiel wiederholt, wieder ins Auto zu springen. Frau L. hatte keine Möglichkeit, die Hündin zu sich heranzuziehen. Die Hündin blieb herausfordernd zwei Meter von ihrem Frauchen entfernt stehen, wo sie außer Reichweite war. Hätte nur noch gefehlt, dass sie ihr die Zunge hinausgestreckt oder eine lange Nase gemacht hätte. Frau L. berichtete mir, dass sie manchmal stundenlang warten musste, bis Mara sich endlich entschlossen hatte, ins Auto zu hüpfen. Ähnliches widerfuhr ihr beim Verlassen des Hauses. Dafür musste Frau L. einen speziell für sie angefertigten Lift benutzen, um drei Treppenstufen zu überwinden.

Die Hündin war angehalten, zu warten, bis Frau L. diesen Treppenlift wieder verließ, und erst auf Zuruf ihr zu folgen. Anfangs war dies kein Problem, doch dann entwischte die Hündin Frau L. immer häufiger und war längere Zeit nicht mehr gesehen. Mara lief im Wohnviertel herum und reagierte weder auf Rufen noch auf Pfeifen. Ich fuhr daraufhin zweimal zu Frau L. zur Nachschulung. Sobald ich dabei war, funktionierte alles wunderbar und die Hündin folgte aufs Wort. War ich wieder fort, wurde alles nur noch schlimmer. Die junge Frau besuchte auf meinen Rat hin mit ihrer Hündin sogar noch eine Hundeschule, doch auch das brachte keine Besserung. Nach vier Monaten wurde die Situation untragbar und ich nahm die Hündin zurück. Das ist eine ganz harte Entscheidung, sowohl für den Trainer als auch für den Behinderten, für den eine Welt einstürzt.

Ganz andere Gründe führten dazu, dass ich meinen Labrador-Rüden Charlie wieder zurücknehmen musste. Charlie war für einen Jungen bestimmt, der durch einen schweren Autounfall mit Schädelhirntrauma spastisch gelähmt war und dem Hund auch nicht die richtigen Kommandos geben konnte. Der Labrador sollte in diesem Fall die Rolle eines therapeutischen Begleiters und Freundes für den Jungen übernehmen. Wir hatten anfangs Schwierigkeiten mit dem Apportieren, weil der Junge R. aufgrund seiner Spastik die Gegenstände nicht gut entgegennehmen konnte. Die Einschulung verlief eigentlich sehr entspannt. Der Junge hatte seine Schwester und einen Freund als Begleitpersonen dabei und wir hatten viel Spaß durch die lockere, fröhliche Art der drei jungen Menschen. Als sie dann nach Hause fuhren, schien alles bestens. Ich wusste auch, dass die Mutter dem Hund offen gegenüberstand. Die Familie hatte einen großen Freundeskreis und führte ein offenes Haus mit vielen Besuchern. Irgendwann kamen dann die ersten Beschwerden über Charlie. Der Hund höre nur noch auf die Mutter, aber nicht mehr auf die anderen fünf bis sechs Leute, die abwechselnd mit ihm spazieren gingen. Die Familie kam einfach nicht auf die Idee, dass es für den Hund – gerade auch in der Eingewöhnungsphase – äußerst frustrierend sein muss, wenn er immer einem anderen gehorchen soll. Charlie hat sich in dem Menschenwirrwar kurz entschlossen selbst seine Leitperson ausgesucht und das war die Mutter. Alle anderen akzeptierte er nicht so sehr. Weshalb sollte er auch hören, wenn fremde Leute an ihm herumerziehen wollten?! Charlie war ein sehr freundlicher Hund und begrüßte jeden Besucher freudig, was der Familie dann auch nicht mehr passte. Doch ihre Versuche, ihn vor einem Besucher wegzusperren führten nur dazu, dass er Fremde um so überschwänglicher begrüßte. Leider sah die Familie auch nicht die Notwendigkeit ein, mit Charlie weiter seine Übungen durchzuführen, was zu Beginn äußerst konsequent geschehen muss. Es kam der Zeitpunkt, ab dem sich Charlie gänzlich verweigerte und nur noch das tat, was er selbst für richtig hielt. Er fing auch an, Leckerbissen vom Tisch zu klauen, was er bei mir nicht einmal versucht hätte. Kurz und gut beziehungsweise schlecht: Nach drei Monaten fuhr ich wieder die 400 Kilometer weit, um meinen Hund zurückzuholen. Ich erschrak, als ich Charlie sah. Ich hatte einen wunderbar gebauten, schlanken Hund abgegeben und fand nun eine Tonne mit einem kleinen Köpfchen vor. Bevor ich wieder abfuhr, unterhielt ich mich mit der Familie. Während unseres Gesprächs fiel dem Jungen R. der Schlüsselbund aus der Hand unter seinen Rollstuhl. Sofort fischte Charlie – ohne ein Kommando erhalten zu haben – mit den Pfoten nach dem Schlüssel und legte ihn dem Jungen in den Schoß. Was ich ursprünglich als Problem angesehen hatte, war also keines gewesen. Mein Hinweis auf das tadellose Apportieren wurde von der Familie nur mit einem lapidaren, fast uninteressierten: „Ja, ja, das klappt gut" quittiert. Ihrerseits ging es nur um den Ungehorsam des Labradors. Wie der aussah, sollte ich postwendend sehen. Der Familienvater wollte Charlie zum Transport ein Halsband anlegen. Obwohl der Hund still vor ihm saß, war der Mann, der wohlgemerkt keinerlei körperliche Behinderung hatte, nur deshalb nicht dazu in der Lage, weil der Labrador immer nur ganz kurz den Kopf wegwandte, wenn er ihm das Halsband überstreifen wollte. Soviel zum Thema Ungehorsam! Ich habe schließlich großzügig auf diesen Hilfsdienst verzichtet, weil mein „Charlie so gut hört, dass er keine Leine und Halsband braucht". Der Labrador hat mich mit seinem Verhalten bestens bestätigt. Charlie

hörte vorschriftsmäßig auf meine Kommandos „Fuß" und „Sitz"
und wir zwei verließen hoch erhobenen Hauptes das Haus der
Familie. Hinter mir hörte ich nur noch den Familienvater mur-
meln: „Das gibt es doch nicht!"

Auch wenn es in der Familie nicht funktioniert hat,
die Beziehung zwischen den beiden war gut

Was tue ich nun mit Hunden, die ich zurücknehmen musste. Charlie und die anfangs beschriebene Golden-Retrieverhündin Mara waren die ersten Fehlschläge in meiner Trainerkarriere. Sie habe ich nicht mehr an einen anderen Rollstuhlfahrer gegeben, weil ich Bedenken hatte, dass sie doch nicht für die Arbeit geeignet sein könnten. Sie wurden in Frührente geschickt und leben in Familien, wo beide Teile sehr glücklich sind. Diese schmerzliche Erfahrung, die mich, da ich die Hunde zur gleichen Zeit abgegeben hatte, mit doppelter Kraft traf, brachte mir in meinem Berufsleben einen herben Rückschlag. Ich war plötzlich so verunsichert, dass ich die Ausbildung einer weiteren Hündin vorzeitig abbrach. Cora erschien mir zunächst gut zum BBH geeignet, erwies sich aber als sehr sensibel. Ich befürchtete daher, dass sie den Wechsel zu einem Rollstuhlfahrer nicht verkraften würde. Cora brachte ich als Zweithund in einer Familie unter, mit der ich genau wie mit allen Familien und Einzelpersonen, die Hunde von mir erhielten, in gutem Kontakt stehe. Die Familie teilte mir immer wieder mit, wie lieb und selbstbewußt Cora ist. Im Nachhinein habe ich es bereut, sie nicht zu Ende ausgebildet zu haben. Mir hat in diesem Fall nur etwas die Geduld gefehlt, denn Cora wäre sicherlich ein guter BBH geworden. Aber auch auf diese Weise macht man seine Erfahrungen. Ich habe andere Hunde schon während der Ausbildungszeit wieder weggegeben, weil sie meiner Meinung nach doch nicht zum BBH geeignet waren. Entweder waren sie zu ängstlich oder entwickelten entgegen den ersten Anzeichen einen zu großen Schutztrieb. Zum Glück musste ich noch nie einen Hund abgeben, weil er sich als zu aggressiv herausgestellt hat. Dann hätte ich sicherlich Probleme, ihn anderweitig unterzubringen.

Mit etwas Abstand betrachtet muss ich zur Ehrenrettung meiner Azubis feststellen, dass es selten an ihnen lag, wenn es mit dem Team nicht funktioniert hat. Charlie ist ein Musterbeispiel dafür, dass das Versagen von der Familie ausging. Es scheiterte oft an Lappalien: Mal tauchte eine Hundehaarallergie in der Familie auf, mal stellte sich die Frau des Behinderten quer, mal kam der bereits in der Familie lebende Hund mit dem Neuling von mir nicht zurecht. Zum Glück konnte ich in den meisten Fällen meine

BBHs rechtzeitig zurücknehmen und erfolgreich an andere Anwärter vermitteln, so dass ihre Ausbildung – und meine Arbeit - nicht umsonst war. Man muss allerdings sorgfältig abwägen, wieviel Wechsel man einem Hund zumuten kann und darf. Es hängt viel von der jeweiligen Situation ab, ob man einen Hund nach der Rücknahme in Frührente schickt oder ihn nochmals als BBH vermittelt.

2. Der Mensch

2.1. Die Kontaktaufnahme

Die Behinderten nehmen auf ganz verschiedene Art und Weise Kontakt zu mir auf. Teils finden sie die Homepage unseres Vereins Prima Partner im Internet oder sie werden bei Messen aufmerksam auf uns. Auch Vorträge und Vorführungen in Behindertenheimen oder Ausbildungsstätten für Menschen mit Handicaps führen zu Kontakten. Obwohl auch in den Medien zahlreiche Artikel und Sendungen über meine Tätigkeit als BBH-Trainerin erschienen und gesendet wurden, erlebe ich immer wieder, dass mir die Betroffenen sagen, sie hätten erst durch einen Nachbarn oder die Verwandten erfahren, dass es Behindertenbegleithunde gibt. Das bestärkt mich in meiner Vortragstätigkeit. Denn man kann nicht genug Öffentlichkeitsarbeit leisten, um diese gute Sache noch bekannter zu machen. Ich hoffe, dass auch dieses Buch dazu beitragen wird.

Wie kommen die Menschen auf mich zu? Meistens erfolgt das erste Kontaktgespräch via Telefon. Ich erkläre kurz, wie der BBH helfen kann, mache auf die Finanzierungsmöglichkeiten aufmerksam und schildere den zeitlichen Ablauf. Der Interessent erhält von mir einen Antrag, in dem erste Fragen geklärt werden. Dieser erste schriftliche Antrag ist selbstverständlich unverbindlich. Sobald ich den ausgefüllten Antrag in Händen halte, kann ich sicher sein, dass der Behinderte wirklich ein ernsthaftes Interesse an einem Hund hat, was ihn aber zu nichts verpflichtet. Mir dient dieses Schriftstück als Gedächtnisstütze. Als nächstes folgt ein erstes persönliches Gespräch mit dem Behinderten, das bei mir zu Hause stattfindet. Bei diesem Besuch versuche ich herauszufinden, welche Hilfestellungen für den Rollstuhlfahrer notwendig sind. Viele Betroffene haben zwar von BBHs gehört, aber keine konkreten Vorstellungen, was so ein Hund leisten kann. Sie sind dann ganz überrascht, wenn ich ihnen im Laufe des Gesprächs die Fähigkeiten des BBH darstelle. Oft sind die Vorstellungen der Rollifahrer aber auch so unrealistisch, dass ich ihre Erwartungen dämpfen muss. So ist zum Beispiel schon einmal die Frage kommen, ob der Hund die im Geschäft gekaufte Wurstsemmel in die Tasche hinten am Rolli stecken kann. In dem Fall muss der Trainer dann ehrlich sein und sagen, dass der Hund auch nur ein Mensch ist und die Semmel wohl eher auffressen wird. Einer Mutter von drei Kindern – eins davon behindert – riet ich von einem Hund ab. Meines Erachtens hatte sie mit ihren Kindern so viel zu tun, dass ein Hund für sie eher eine zusätzliche Belastung wäre als eine Entlastung. Da war zum Beispiel die Vorstellung, dass man den Hund einfach alleine für eine halbe Stunde zum Spaziergang in den Wald schicken könnte und er dann rechtzeitig wieder zurückkommt. Bei dieser Familie musste ich wirklich Aufklärungsarbeit leisten. Nach einer Woche Bedenkzeit rief mich die Mutter wieder an und teilte mir ihre bewusste Entscheidung gegen den Hund mit den Worten mit, dass ich ihnen erst klar gemacht habe, wieviel Arbeit ein Hund macht. Sie war mir für meine Aufklärung richtig dankbar, obwohl damit für sie der Traum von einem BBH geplatzt war. Ich sehe auch solche Gespräche als Erfolg an, obwohl es sehr traurig ist, wenn man die Hunde wieder zurücknehmen muss, nur weil die Familien nicht wissen, wieviel Arbeit ein Hund macht. Bei Trainern, die wirtschaftlich denken müssen, sehe ich hier die Gefahr, dass sie sich solch eine Aufklärungsarbeit gar nicht leisten können.

Mir ist es manchmal passiert, dass Kleinigkeiten im familiären Umfeld dazu geführt haben, dass der BBH wieder zurückgegeben wurde. Einmal war die Einschulung beim Behinderten zu Hause bereits nach zwei Stunden beendet, weil der Dackel der Lebensgefährtin sein Revier partout nicht mit dem neuen Hund teilen wollte. Seitdem besuche ich meine Interessenten auch zu Hause, prüfe ihr Umfeld und unterhalte mich mit den Familienmitgliedern. Besteht dann immer noch von allen Seiten der Wunsch nach einem BBH, so wird als nächstes die Geduld des Betroffenen auf eine harte Probe gestellt. Da ich keine Hunde von der Stange habe, sondern alle speziell auf die Bedürfnisse eines Behinderten ausbilde, muss der Betroffene warten, bis ich einen geeigneten Hund für ihn gefunden und ausgebildet habe. Das kann manchmal ein paar Wochen oder bis zu zwei Jahren dauern. Während dieser Wartezeit halte ich immer Kontakt mit den Leuten, die häufig anrufen und sich schon auf ihren neuen Partner freuen. Es ist für beide Teile eine schwierige Zeit. Ich kann und möchte ihnen nicht zu viel versprechen, sie andererseits aber auch nicht in ihrer Vorfreude beeinträchtigen. Sollte es einmal aus den verschiedensten Gründen wirklich länger als ein Jahr dauern, so ist es für mich genauso unbefriedigend wie für den Rollifahrer. Diese lange Wartezeit können auch bei größeren BBH-Ausbildern vorkommen. Bei großen Ausbildungsstätten wie zum Beispiel in den USA bei NEADS waren sicherlich zwanzig Hunde zugleich in der Ausbildung und dennoch betrug die Wartezeit bis zu drei Jahren. Manchmal führt eine längere Wartezeit auch dazu einer generellen Absage von Seiten der Behinderten. Manchmal haben sie sich selbst einen Welpen oder einen anderen Hund zugelegt, ohne eine spezielle Ausbildung, manchmal auch ganz gegen einen BBH entschieden. Als Hundetrainerin sehe ich in so einer langen Wartezeit auch Vorteile. Gibt sie dem Behinderten und seiner Familie doch die Gelegenheit, alles noch einmal reiflich zu überlegen. Ich hatte schon Interessenten, die am liebsten schon am nächsten Tag einen Hund wollten, und nach einem halben Jahr plötzlich nichts mehr davon wissen wollten.

So sieht für mich idealerweise eine erste Begegnung aus

Größte Vorsicht ist gegeben, wenn nicht der Behinderte selbst sich an den BBH-Trainer wendet, sondern ein Angehöriger. Bei einer Reha-Messe sprach mich einmal der Vater eines Rollstuhlfahrers an voll Begeisterung für meine BBHs. Das sei genau das Richtige für seinen Sohn, der ein Jahr zuvor durch einen Unfall querschnittsgelähmt wurde. Am liebsten hätte er gleich meine Demohündin Aischa für seinen Sohn mitgenommen. Für mich ist es aber selbstverständlich, dass ich mich immer mit dem Betroffenen selbst und möglichst allein unterhalte, weil ich aus Erfahrung weiß, dass Angehörige gerne die Angewohnheit haben, ihr behindertes Familienmitglied fremd zu bestimmen. Mein Telefonat mit dem jungen Mann brachte denn auch an den Tag, dass er selbst keinen Hund wollte. Er sei noch so sehr mit sich und seinem Unfall beschäftigt, sagte er mir am Telefon, dass er die Verantwortung für einen Hund noch nicht übernehmen wolle.

2.2. Auswahlkriterien

Leider können auch nicht alle Interessenten von uns einen Hund erhalten. Dafür gibt es die verschiedensten Gründe: Zum einen muss gesichert sein, dass die Person einen Hund mental führen kann. Je stärker das körperliche Handicap ist, desto reger muss der Geist sein. Auch ein gut ausgebildeter Hund wird nicht einfach sein Leben lang funktionieren wie eine Maschine, wenn er nicht die entsprechende Führung durch den Menschen erhält. Der Mensch, der von mir einen Hund haben möchte, muss in der Lage sein, mit seinem Hund dreimal täglich spazieren zu gehen, entweder allein oder mit Hilfsperson. Krankheit und schlechte Witterungsbedingungen wie Schnee oder Glatteis sind natürlich Ausnahmen. Ist der Rollifahrer aber körperlich nicht in der Lage, den Hund zu füttern, so ist das für mich kein Hinderungsgrund. Da diese Menschen sowieso einen Pflegedienst brauchen, kann dieser auch das Futter für den Hund in eine Schüssel schütten. Ich gebe auch Hunde an Kinder und Jugendliche ab. Dabei nehme ich allerdings die Eltern oder im Regelfall die Mutter in die Pflicht und informiere sie sehr genau, dass sie die Verantwortung hat. Es kann nämlich sein, dass der Hund sehr wohl das Kind liebt, die Kommandos von ihm aber nicht so ausführt wie Kommandos von einem Erwachsenen. Für mich ist es selbstverständlich, dass Menschen, die sich für einen BBH entscheiden, generell tierlieb sein müssen. Der beste Test ist der Besuch bei mir zu Hause, wenn fünf Hunde auf sie einstürmen, teilweise an ihnen hochhüpfen oder sie abschlecken. Dann wird auch mal eine Hose schmutzig. Wenn sie sich dann nicht aufregen sondern freuen, dass sie von den Hunden so freundlich begrüßt werden, gehe ich davon aus, dass sie auch für ihre Hunde sorgen und nicht bei jedem Härchen, das ein Hund verliert, in Panik geraten. Sollte ich aber merken, dass ein Rollstuhlfahrer den Hund nur als Hilfsmittel ansieht ohne ihn als Partner zu akzeptieren, so wird er von mir keinen BBH erhalten.

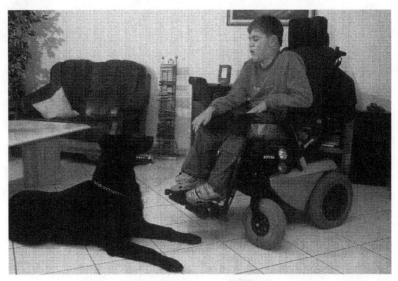

Rex ist ganz auf sein jugendliches Herrchen fixiert

2.3 Finanzierungsmöglichkeiten

Kommen wir nun zum heiklen Thema der Finanzierungsmöglichkeiten. Bis heute wird ein BBH noch von keinem öffentlichen Kostenträger finanziert. Das unterscheidet den BBH vom Blindenführhund, der von den Krankenkassen bezahlt wird. Bei ihnen werden auch die laufenden Futterkosten und teilweise auch der Tierarztbesuch übernommen. Dies alles trifft leider für den Behindertenbegleithund nicht zu. Die meisten behinderten Menschen haben jedoch nicht das Geld, die recht kostenintensive Ausbildung des Hundes vollständig zu bezahlen. In diesen Fällen geht unser Verein auf die Suche nach großzügigen Spendern. Und obwohl in Deutschland das Sponsoring nicht so kultiviert wird wie in den anglo-amerikanischen Ländern, finden wir doch immer wieder Geldgeber, die einen BBH entweder ganz oder teilweise finanzieren. So konnte bisher jeder Interessent, der von uns einen Hund haben wollte und als geeignet anerkannt wurde, einen Hund erhalten unabhängig von seinen eigenen finanziellen Möglichkeiten. Um Sponsoren zu finden, gehe ich viel auf Vortragsreisen, bei denen ich demonstriere, was ein BBH alles für den Behinderten leisten kann.

3. Das Team

3.1. Welcher Hund passt zu welchem Menschen

Den richtigen Hund für den Menschen auszusuchen ist das schwierigste bei der BBH-Ausbildung. Das Team muss so gut harmonieren wie eine gute Ehe. Ich verlasse mich bei der Auswahl des Hundes auf bestimmte Kriterien, die relativ aussagekräftig sind. 1.Kriterium: Der Mensch muss dominanter sein als sein Hund. Habe ich einen sehr selbstbewußten BBH, so werde ich für ihn auch einen sehr selbstbewußten Menschen aussuchen. Sehr sensible Hunde, die sich gerne unterordnen, kann man auch an Personen abgeben, die sich weniger stark durchsetzen können. Wie erkennt man, ob ein Hund selbstbewußt oder sensibel ist? Ein gutes Erkennungszeichen ist die Haltung der Rute. Geht ein Hund in entspannter Situation immer mit hocherhobener Rute, ohne dass es einen Anlass dafür gäbe, dass er signalisieren möchte „Hey, ich bin ein ganz starker Typ", gehört er eher zu den dominanten Vertretern seiner Gattung. Um so ein Urteil über den Hund fällen zu können, genügen nicht Momentaufnahmen. Man muss den Hund über einen längeren Zeitraum beobachten und kennen lernen. Hängt die Rute locker nach unten, kann man davon ausgehen, dass es ein eher unterwürfiger Hund ist, der nicht unbedingt die Führerrolle einnehmen will. Sollte die Rute eingeklemmt sein, signalisiert das eindeutig, dass der Hund so ängstlich ist, dass er als BBH nicht geeignet ist. Nicht nur die Rutenhaltung ist aussagekräftig, wenn es darum geht, wo der Hund sich selbst in der Hierarchie einstufen würde, wenn er es könnte, sondern auch die Kopfhaltung. Läuft der Hund meist hocherhobenen Hauptes durchs Leben, so ist das ein weiteres Anzeichen für einen dominanteren Typus, als wenn er den Kopf locker herumbaumeln läßt. Das können natürlich nur Anhaltspunkte sein. Im Laufe der Ausbildung lerne ich meine Hunde aber so gut kennen, dass ich abschätzen kann, wem ich welchen Hund zu- und anvertrauen kann. Ich hatte einen sehr selbstbewußten Schäferhund-Labrador-Mischling namens Bommel, bei dem ich eine ganze Weile auf den passenden Menschen gewartet habe. Bommel kam schließlich zu einem Mann in Polen, ein sehr intelligenter und selbstbewußter Mann, in dem Bommel seinen Meister fand. Das Team passt sehr gut zusammen und Bommel arbeitet gerne für seinen Herrn. Hat man die Möglichkeit und Auswahl, so sollte man die Teams gegen-geschlechtlich zusammen stellen. Zu einer Frau passt vielleicht besser ein Rüde und zum Mann die Hündin. Es gibt Beobachtungen, die meines Wissens jedoch noch nicht wissenschaftlich belegt sind, dass diese Mischung besser funktioniert als eine gleichgeschlechtliche. Bei Pferden hat man auch schon oft gesehen, dass Frauen besser mit Wallachen zurechtkommen und Männer mit Stuten. Leider habe ich nicht immer die große Auswahl, um mich nach diesem Kriterium zu richten. Ich versuche es, wenn möglich, aber es funktioniert nicht immer. Man soll es möglichst vermeiden, einen temperamentvollen Hund an eine ältere Person geben. Es sei denn, sie lebt in einer Familie, in der ab und zu ein anderes Familienmitglied dem Bewegungsdrang des Hundes gerecht wird und ihn „auspowern" kann. Es hat sich aber auch schon gezeigt, dass ein ruhiger Mensch nicht unbedingt einen ruhigen Hund braucht. Ein etwas lebhafterer Vierbeiner kann einen etwas phlegmatischeren Menschen zu mehr Aktivität antreiben und damit eher einmal hinter dem Ofen hervorlocken.

3.2. Training bei mir

Wir nähern uns nun dem Ende der Ausbildung und zugleich ihrem anstrengendsten Teil - der Einschulung des Teams Mensch-Hund. Der zukünftige Besitzer des BBHs sieht diesem Augenblick sicherlich mit Hoffen und Bangen entgegen. Bei mir überwiegen in dieser Phase zugegebenermaßen die Ängste. Hinzu kommt das Abschiednehmen, das mir noch bei keinem Hund leichtgefallen ist. In der Woche vor der Zusammenführung des zukünftigen Teams lasse ich den Hund in Urlaub gehen. Er bekommt eine Pause, damit er danach wieder um so freudiger bei der Arbeit ist. Ich ziehe mich nun so gut es geht vom Hund zurück, vermeide soweit möglich den Blickkontakt mit ihm. Er bekommt nicht mehr so viele Streicheleinheiten und läuft sozusagen nebenher in der Gruppe mit.

Das Team trifft sich

Dann kommt der große Tag. Der Behinderte reist an und die Einschulung beginnt, für die erste Woche bei mir zu Hause. Manchmal ist es das erste Zusammentreffen von Rollstuhlfahrer und Hund, doch meistens haben sie sich bereits zuvor kennen gelernt. Kommt der Rollstuhlfahrer an, so begrüßt der Hund ihn herzlich, so wie es seine Natur ist, was eine sehr angenehme Stimmung erzeugt. Den ersten Tag verbringt der Rollstuhlfahrer bis abends bei mir. Er kann aber nicht bei mir wohnen, weil die Einschulung des Teams nicht bei mir stattfinden darf. In meinem Haus bin allein ich für den Hund der Boss und nun soll er sich an einen Neuen gewöhnen. Ich muss deshalb für diesen Übergang von einem Herrn zum nächsten dem Hund rein äußerlich ein neues Umfeld schaffen, damit ihm dieser Wechsel bewusst wird und leichter fällt. Der erste Nachmittag dient nur zum gegenseitigen Beschnuppern des neuen Teams, der Hund verbringt diese Nacht noch in meinem Haus in gewohnter Umgebung. Vom zweiten Tag an lebt der Hund ganz bei seinem neuen Herrchen oder Frauchen und ich fahre nur noch zum Training zu ihnen.

Doch zunächst noch zu einem ganz profanen Problem, das eigentlich gar nichts mit der Einschulung zu tun hat, aber doch gelöst werden muss: Die Unterbringung des Rollifahrers. Sie hat uns immer Schwierigkeiten bereitet, die wir aber zum Glück immer zu beiderseitiger Zufriedenheit lösen konnten. Teilweise kommen die Rollifahrer im Altenheim unter, für sie sicherlich eine der unattraktivsten Unterbringungsmöglichkeiten. Schließlich sind sie nicht alt, sondern nur in ihrer Mobilität eingeschränkt. Unser Verein hatte auch schon Rollifahrer in Hotels untergebracht, die uns sehr entgegenkamen im Preis und auch den Hund als Gast tolerierten. Ein anderes Mal hatten wir ein Zimmer angemietet. Da es aber Probleme mit dem Hund der Vermieterin gab, war auch dies keine Lösung auf Dauer. Dann bot uns eine sehr engagierte Familie ihre Einliegerwohnung an.

Wie man sieht, lassen sich auch solche Probleme lösen, wenn man nur flexibel genug ist und Augen und Ohren offen hält. NEADS in den USA hatte sich für diesen Zweck ein Haus auf eigenem Gelände gebaut, doch davon kann man in Deutschland nur träumen.

Das gemeinsame Training beginnt

Am zweiten Tag bringe ich den Hund morgens zur Unterkunft des Rollifahrers, wo er von nun an wohnen wird und wo wir sofort mit dem Training beginnen. Wir beginnen mit den leichten Kommandos wie „Sitz" und „Platz". Der Rollstuhlfahrer weiß bereits, wie er die Kommandos geben muss, da er schriftlich von mir unterrichtet wurde. Von nun an gibt allein er die Kommandos. Ich nehme mich bei der Einschulung ganz zurück, bin dem Hund nur mit meiner Körpersprache behilflich. Hunde verständigen untereinander fast ausschließlich durch Körpersprache, und das kann der Trainer übernehmen und auch für diese Situation ausnutzen. Der Hund bekommt also das Kommando von dem Behinderten, schaut aber mich an und führt aufgrund meiner Körpersprache das Kommando aus. Hier ein paar Beispiele: Der Rollstuhlfahrer gibt dem Hund das Kommando „Sitz". Reaktion des Hundes: er guckt zuerst mal dumm, weil er sich wundert, dass plötzlich ein anderer ihm Kommandos geben will. Ich muss dann nur meinen Körper aufrichten und verstohlen meinen Zeigefinger in die Höhe heben - schon sitzt der Hund. Kommt das Kommando „Platz", so neige ich etwas meinem Oberkörper nach vorne und zeige mit meiner Handfläche nach unten. Zunächst bemerkt der Rollstuhlfahrer diese Hilfen gar nicht. Wenn ich bemerke, dass der Hund relativ gut mitarbeitet, geht es ans Apportieren und die anderen Hilfsdienste. Für den Hund bedeutet es eine große Umstellung, dass er nun plötzlich einem Fremden den Gegenstand abgeben oder aus seiner Sicht schenken soll. Handelt es sich bei dem Hund um einen außergewöhnlich guten BBH, so muss ich mich nur etwas hinter den Rollifahrer stellen, um dem Hund anzuzeigen, dass er den Gegenstand in diesen Schoß legen muss.

Am ersten Tag arbeiten die meisten Hunde noch ganz gerne mit, weil es auch lustig ist. Sie kennen den Ablauf der Übungen im Schlaf und führen sie mit ein bisschen Hilfe von mir automatisch aus. Die zukünftigen Besitzer der Hunde sind danach oft völlig davon begeistert, dass der Hund schon so gut für sie arbeitet. Ich muss leider ihre Euphorie dämpfen und erkläre ihnen immer, dass es nur ein oder zwei Tage lang so unkompliziert funktioniert, was sie gar nicht glauben wollen. Spätestens am dritten Tag merken sie, dass ich Recht habe. Bis dahin haben alle meine Hunde festgestellt, dass sie plötzlich nur noch für diesen neuen Menschen arbeiten sollen. Dann beginnen die Schwierigkeiten. Es kann so weit führen, dass der Hund sich total verweigert. Er zeigt das, indem er anfängt zu gähnen, sich kratzt und den ganzen Tag lang nur noch schlafen will. Diese Phase verlangt von Trainer und Rollstuhlfahrer ein sehr großes Maß an Geduld. Die Behinderten haben manchmal den Eindruck, dass es gar nicht voran geht, weil wir nicht mit dem Hund arbeiten. Ich lasse den Hund in dieser kritischen Zeit einfach schlafen und unterhalte mich mit seinem neuen Herrn darüber, wie er den Hund führen soll und was er bei der Arbeit beachten soll. Dann wird der Hund zwischendurch immer wieder gestreichelt. Einzige feste Programmpunkte in dieser Zeit sind zweimal täglich ein Ausflug mit dem Rollstuhl in die Stadt oder in Geschäfte und dreimal täglich Gassi gehen. An den Rollstuhlfahrer stellen diese Ausflüge sehr hohe Anforderungen. Er muss voll konzentriert sein, auf den Hund achten und zugleich meine Kommandos oder Hilfestellungen befolgen. In den ersten Tagen beschränke ich mich bei den Stadtbesuchen zumeist darauf, beide zu beobachten. Mein Hauptaugenmerk liegt hier auf dem Menschen. Anders als Blinde haben Menschen, die im Rollstuhl sitzen, nicht alle dasselbe Handicap, sondern völlig unterschiedliche Erkrankungen und Behinderungen. Die einen können mit dem Hund von Beginn an gut umgehen, die anderen tun sich etwas schwerer. Ich konzentriere mich also nur darauf, dass nur die Kommandos „Fuß" und „Folge mir" beachtet werden. Diese Stadtgänge müssen die Hunde auf jeden Fall absolvieren. Es ist natürlich ein Unterschied, ob ich im Rolli mit dem Hund unterwegs bin oder ob es ein wirklich Betroffener tut. Jeder Vorgang dauert nun länger, allein schon das Ein- und Aussteigen aus dem Auto. Die Hunde haben im Training gelernt, solange im Auto sitzen zu bleiben und zu warten, bis sie das Kommando „Runter" erhalten. Als Trainer muss man aber bei der Einschulung des Teams von allen Möglichkeiten ausgehen und den Hunden Hilfen geben, damit sie das Erlernte nicht über Bord werfen. Sie müssen sich nun im Auto ihres neuen Menschen genauso verhalten, wie zuvor in meinem Auto. Fährt der Behinderte selbst Auto, so üben wir von Anfang an mit seinem Auto, in dem auch ich mitfahre. In den ersten Tagen warte ich mit dem Hund gemeinsam im Auto, bis der Rollstuhlfahrer ausgestiegen ist und fertig ist loszufahren. Damit gebe ich dem Hund die Hilfe, nicht zu früh hinauszuspringen und die Sicherheit, dass ich ihn (noch) nicht verlasse. Später steige ich zusammen mit dem Rollstuhlfahrer aus. Der Hund muss nach ein paar Tagen gelernt haben, dass er auch in einem anderen Auto so lange warten muss, bis sein neuer Mensch ihm das Kommando zum Aussteigen gibt. Andere Übungen, wie zum Beispiel Türen öffnen und schließen, gelingen mit geringer Hilfestellung meinerseits sehr schnell. Manchmal gibt es Probleme mit dem Apportieren, die auf den ersten Blick nicht erklärbar sind. Der Hund scheint mit bestem Willen seinem neuen Menschen zu apportieren, doch dieser kann den Gegenstand seltsamerweise nicht entgegennehmen. Hier muss man einfach wissen, dass die meisten Hunde gerade beim Apportieren Weltmeister im Komödiespielen sind. Die einen heben den Kopf nicht hoch genug, andere lassen das Apportel kurz bevor der Mensch es greifen kann fallen, andere drehen den Kopf weg. Sie machen das nicht offensichtlich, sondern in feinster Millimeterarbeit. Als Trainer braucht man viel Erfahrung, um dieses geschickte Spiel des Hundes zu durchschauen, denn sie sind dabei unheimlich erfinderisch. Dieses Problem löst sich meist von selbst. Das Team muss erst zusammenwachsen, zwischen Mensch und Tier eine feste Bindung entstanden sein, damit der Hund nicht mehr zu solchen Tricks greift.

Das Leid mit dem Lob

Es versteht sich von selbst, dass ab der Einschulung jedes Kommando und jedes Lob ausschließlich vom Rollstuhlfahrer kommt. Das bereitet vielen am Anfang Schwierigkeiten. Sie loben den Hund mit dem gleichen Tonfall, in dem sie ihm die Kommandos geben. Bei gleichbleibender Tonlage kann ein Hund aber nicht unterscheiden, ob es nun ein Kommando, ein Lob oder eine Korrektur war. Nach meiner Erfahrung haben vor allem Männer Probleme damit, aus sich herauszugehen und den Hund richtig überschwänglich zu loben. Es hilft manchmal, wenn ich sie mit einer Drohung aus der Reserve locke. Ich halte ihnen dann vor, dass der Hund bei ihrer Art zu loben einschläft, und kündige an, dass ich das Loben wieder selbst übernehme, wenn sie es nicht besser machen. Das hilft den meisten über diese Hemmschwelle hinweg. Sie wollen als zukünftige Besitzer selbstverständlich vor allem für den angenehmen Umgang mit ihrem Hund zuständig sein und nicht nur die Kommandos geben. Ich rüge auch oft, dass das Lob sowieso viel zu kurz kommt. Hier muss ich eine kleine Begebenheit einflechten, die mir vor wenigen Wochen die Augen für die Stresssituation geöffnet hat, in der sich die Rollstuhlfahrer bei der Einschulung befinden müssen. Ich verbrachte ein Wochenende allein zu Hause mit fünf Hunden und hatte meine zweijährige Enkelin Pauline zu Besuch. Die kritische Situation kam früh morgens, als ich mich mit den Hunden zum Spaziergang aus dem Haus schleichen wollte. Ein Stimmchen rief: „Ich will auch mit!" und mein Zeitplan – erst mit den Hunden raus dann gemütlich mit Pauline frühstücken - war erst mal über den Haufen geworfen. Also, schnell das Kind angezogen und los ging es mit den Hunden und der Enkelin im Buggy. Es kam wie es kommen musste. Wir begegneten natürlich anderen Hunden und ich rief die meinigen zurück. Offensichtlich kommandierte ich die Hunde, gestresst wie ich war, nur noch herum und vergaß, sie mit einem lieben Wort für ihre Folgsamkeit zu belohnen. Da hörte ich die kleine Pauline, wie sie die Hunde mit Guter Hund!, Braver Hund! an meiner Stelle lobte. Ich musste feststellen, dass auch ich als langjährige Trainerin in Stresssituationen das wichtige Lob vergessen kann. Für die Rollstuhlfahrer muss die Zeit der Einschulung mit ihrem Hund eine der stressigsten überhaupt sein. Der Trainer muss sie trotzdem immer wieder daran erinnern, ihren vierbeinigen Partner feste zu loben, aber er sollte auch für ihre Situation Verständnis zeigen.

Unser Tagesablauf während dieser ersten Woche

Mein Tagesablauf schaut in dieser ersten Einschulungswoche in etwa folgender Maßen aus: Ich stehe früher als normal auf und gehe zuerst mit meinen Hunden spazieren. Dann fahre ich zu dem Rollstuhlfahrer und seinem neuen Hund und gehe mit ihnen spazieren. Ich lasse sie danach wieder allein, damit der neue Besitzer dem Hund selbst das Futter geben kann, und bin immer glücklich, wenn das auch klappt. Viele Hunde verweigern anfangs auch das Fressen, weil sie vom Wechsel zum neuen Menschen so durcheinander sind. Ich selbst arbeite noch schnell mit den Hunden bei mir zu Hause das Programm durch und fahre anschließend wieder zur Einschulung. Arbeitet der Hund mit, so wird alles geübt: Apportieren, Ausziehen, Türen schließen, unter die Bank legen, sprich alle Übungen, die der Behinderte von seinem Hund braucht. Es folgt ein gemeinsamer Gang in die Stadt, wobei wir das vom Rollstuhlfahrer bevorzugte Verkehrsmittel benützen. Benutzt er bei sich zu Hause mehr den Bus, dann tun wir das während der Einschulungszeit auch. In der Stadt machen wir einen kurzen Rundgang und fahren dann wieder zurück zur Unterkunft. Das hört sich als kurze Angelegenheit an, aber dieser Stadtbesuch braucht viel Zeit. Auch für den Rollifahrer ist alles neu. Er kann nicht mehr wie gewohnt einfach losfahren. Er muss sich die ganze Zeit um seinen neuen Begleiter kümmern, da er für ihn die Verantwortung hat. Er muss zum Beispiel aufpassen, dass er ihm nicht über die Füße fährt, was aber trotz größter Sorgfalt anfangs passieren kann. Außerdem darf er nicht spontan rechts oder links abbiegen, weil er es seinem Hund zuerst ankündigen muss. Das mag jetzt als zusätzliche Belastung klingen. Doch je mehr das Team zusam-

131

menwächst, um so mehr kommen die Hilfestellungen durch den BBH zum Tragen. Sind Hund und Rollifahrer erst einmal ein eingespieltes Duo, so können sich die meisten gar nicht mehr vorstellen, wie schwierig und manchmal schier unmöglich ihnen alles zu Beginn vorkam.

Sind wir nach dem Stadtbesuch wieder zu Hause, fahre ich wieder heim und gehe mit meinen Hunden spazieren. Meine eigene Nahrungsaufnahme geht während der Einschulungszeit bei mir meist im Laufschritt vor sich – in Form eines belegten Brötchens während der Spaziergänge mit den Hunden. Dann geht es wieder zu meinem neuen Team und dem nächsten Programmpunkt: ihrem gemeinsamen Spaziergang. Es ist sehr wichtig für den neuen Besitzer, dass er Vertrauen zu seinem Hund bekommt. Er muss wissen, dass er ihn frei laufen lassen kann. Dass auch nichts passiert, wenn fremde Hunde ihnen begegnen. Dass sein Hund immer wieder zu ihm zurückkommt, auch wenn er außer Sichtweite sein sollte. Ich lege sehr großen Wert darauf, dass die Rollifahrer auch das Spazierengehen mit dem Hund erlernen. Der Spaziergang ist nicht zu vergleichen mit dem Rundgang in der Stadt. Hier geht es nicht um Arbeit, sondern um Freizeit für beide. Beim Spaziergang soll der Hund genügend Auslauf erhalten, damit er sich von seiner Arbeit entspannen und auch spielen kann. Nach einer Stunde Ruhepause für das Team folgt eine weitere Übungseinheit in der Stadt. Im Regelfall dauert diese erste Einschulungsphase in der für den Hund gewohnter Umgebung etwa eine Woche. Sobald wir in Homburg alles durchlaufen haben und das Team schon etwas sicherer geworden ist, fahren wir auch in benachbarte Städte, damit der Hund lernt, sich auch in einer fremden Umgebung mit seinem Rollifahrer entspannt zu bewegen. Bei diesen Stadtgängen lässt der Erfolg nicht lange auf sich warten. Von Tag zu Tag findet sich das neue Team besser zurecht. Die Richtungswechsel, das Einsteigen in den Lift und das Kommando „Folge mir" klappen immer besser. Von diesen positiven Erlebnissen zehren wir in dieser ersten Woche, denn bei dem Spezialtraining im Raum geht es erfahrungsgemäß gerade umgekehrt. Fast alle Hunde werden bei diesen Übungen anfangs immer schlechter. Auch wenn ich nach meiner jahrelangen Tätigkeit als Hundetrainerin weiß, dass fast jeder Hund so auf einen neuen Herrn reagiert, kommen mir doch oft noch starke Zweifel. Ich frage mich dann, ob ich den Hund wirklich gut genug ausgebildet habe, ob er das, was von ihm verlangt wird, überhaupt schon kann. Natürlich verunsichere ich den Rollstuhlfahrer nicht mit diesen Bedenken. Ich mache ihm vielmehr mit dem Hinweis, dass diese Reaktion des Hundes ganz normal ist, Mut. Hat der Hund sich an seinen neuen Besitzer gewöhnt und zu ihm eine emotionale Bindung aufgebaut, so funktioniert die Zusammenarbeit automatisch besser. Sollte ich wieder einmal von unnötigen Ängsten geplagt werden, so kann ich auf mein Buch zurückgreifen, wo schwarz auf weiß steht, dass das ganz normal ist.

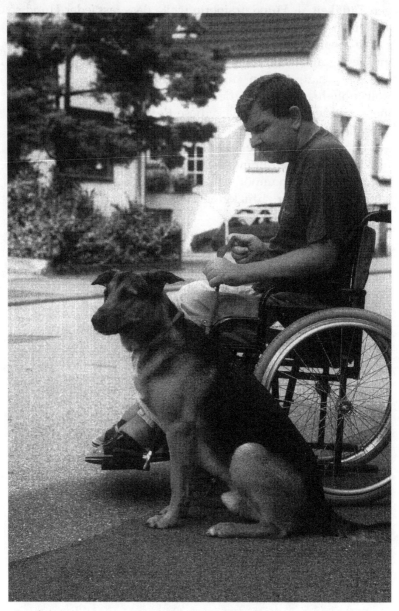

Bombel und sein neuer Herr harmonieren beim Stadtbesuch schon sehr gut

Das erste Wochenende für das Team allein zu Hause

Meistens fahren die Behinderten nach dieser Woche Samstag-
nachmittags mit ihrem neuen Hund zu sich nach Hause und verbringen dort das erste Wochenende allein mit ihm. An diesem
Wochenende sollen sie absolut nichts mit ihm arbeiten. Es ist nur
zum gegenseitigen Kennenlernen, zum Schmusen und Spazierengehen gedacht. Für mich sind diese zwei Tage die schlimmste
Zeit bei der Einschulung. Ich würde am liebsten ständig anrufen,
weil mir so viele Fragen auf dem Herzen liegen: Klappt es gut?
Hat der Hund schon geschwänzelt und sich gefreut? Frißt er?
Doch ich muss mich beherrschen und hoffen, dass nichts passiert. Ich habe dabei niemals die Befürchtung, dass der Hund
aggressiv gegen den Menschen werden könnte. Dafür kenne ich
meine Azubis zu gut. Meine Ängste beziehen sich eher darauf,
dass der Hund vielleicht unkontrolliert über die Straße rennen
und unter ein Auto geraten könnte oder ähnliches. Montags
fahre ich dann zu den beiden und bin ganz gespannt, was der
Rollifahrer mir zu erzählen hat. Selbstverständlich sind auch für
ihn diese ersten zwei Tage allein mit dem Hund mit Aufregung
verbunden. Zum ersten Mal können sie mit ihrem Hund alleine
sein, ohne dass ich ihnen ständig hineinrede und sie korrigiere.
Sie freuen sich auch auf ihre gewohnte Umgebung, in der sie sich
wesentlich sicherer fühlen, was sich normalerweise positiv auf
den Hund überträgt. Die Hunde reagieren je nach ihrer Persön-
lichkeit ganz unterschiedlich. Die einen verkraften es sehr gut.
Bei ihnen habe ich oft den Eindruck, dass sie froh darüber sind,
endlich wieder klare Verhältnisse zu haben. Zumindest diese
zwei Tage lang sind sie nicht mehr in dem Zwiespalt, welchem
Menschen sie denn dienen sollen. Die anderen trauern mir doch
etwas mehr nach und kompensieren das, indem sie viel schlafen.
Doch normalerweise verkraften meine Azubis die Trennung besser als ich.

Unvorhersehbare Situationen bei der Einschulung

Es kommt bei den Einschulungen immer wieder zu unvorhersehbaren Situationen, die lustig aber auch gefährlich sein können. Am Tag der offiziellen Übergabe seines BBH, die unser Verein Prima Partner immer mit einem kleinen Fest begeht, machte ich mit Herrn R. einen Spaziergang zu einem Weiher in unserer Nähe. Der Waldweg war für den E-Rolli von Herrn R. breit genug, gut zu befahren und wir hatten einen entspannten Hinweg mit den Hunden. Das Unheil erwartete uns auf dem Rückweg. Hier muss ich vorweg schicken, dass auf diesem Weg schmale Rinnen angebracht sind, die bei starken Regenfällen das Wasser ableiten und so vermeiden sollen, dass die Schotterdecke weggeschwemmt wird. Auf dem Hinweg, der leicht bergauf führt, machten uns diese Rinnen keine Probleme. Beim Rückweg geriet der E-Rolli von Herrn R. aber durch einen Lenkfehler mit den Vorderrädern in eine dieser Rinnen und blieb unglücklich darin stecken. Eigensinnig wie er war, wollte Herr R. aus eigener Kraft wieder herauskommen und gab kräftig Gas - mit verheerenden Folgen. Statt freizukommen, fuhr der E-Rolli die Rinne entlang zielsicher auf den Abhang neben dem Weg zu. Ich konnte mit meinen Kräften nichts ausrichten, obwohl ich mich so gut wie möglich hinten gegen den Rolli stemmte. Dennoch rutschten Herr R. und ich samt Rollstuhl ein kurzes Stück den Abhang hinunter. Gott sei dank nicht weit, dann blieb der Rollstuhl im weichen Waldboden stecken. Ich stemmte mich nun mit aller Kraft gegen den Rollstuhl, damit er nicht weiter den Hang hinunterpurzeln konnte. Ich sah unten am Hang einen Baumstamm liegen und malte mir im Bruchteil einer Sekunde das größte Unglück aus, wenn wir wieder ins Rutschen kämen. Nach dem ersten Schock berieten wir zwei, wie wir aus dieser misslichen Lage herauskommen könnten. Herr R. bat mich, die Bremse des Rollis festzustellen und nach vorne zu ihm zu kommen, egal ob der Rolli hält oder nicht. Herr R. war fast gänzlich aus seinem Sitz herausgerutscht, stand praktisch aufrecht und drohte nun, entweder mit oder ohne Rolli, den Hang hinunterzufallen. Ich sollte ihn also zurück auf den Sitz bugsieren. Das klappte nicht, weil er entweder zu schwer oder ich zu schwach war. Deshalb stellte ich mich mit gegrätschten Beinen vor seine Füße, umarmte ihn und lehnte mich so fest wie möglich gegen ihn, um ihn zu stabilisieren, damit er nicht abrutschen konnte. So warteten wir zwei in inniger Umarmung auf menschliche Hilfe. Es dauerte glücklicherweise nicht allzu lange, bis ein Waldarbeiter in einem Auto vorbei kam. Er rief Verstärkung herbei und zu viert gelang es ihnen, zuerst Herrn R. und dann den schweren E-Rolli hochzuhieven. Die Hunde hatten die willkommene Unterbrechung genutzt, um sich in dem Gelände auszutoben. Doch dann setzte sich der BBH von Herrn R. ruhig zu ihm, ohne einen der Männer anzuknurren, wie es sich für einen guten BBH gehört. Der Schock über diesen Unfall war uns zwei beträchtlich in die Glieder gefahren. Wir kamen gerade noch rechtzeitig zu unserem Fest, hatten uns aber zuvor abgesprochen, nichts von unserem Erlebnis zu erzählen, weil zum Glück nichts Schlimmes passiert war. Seither bin ich nie wieder mit einem Rollstuhlfahrer zu diesem Weiher gefahren.

Ein anderes Erlebnis hatte ich bei der Einschulung von Frau M., die an Multipler Sklerose (MS) erkrankt ist. Diese Krankheit bringt mit sich, dass Frau M. manchmal gute Tage mit ziemlich viel Kraft hat, an schlechten Tagen aber sehr kraftlos ist. Wenn wir mit dem Auto in die Stadt oder zum Spaziergang ins Grüne fuhren, musste ich sie immer vom Auto in den Rollstuhl heben und umgekehrt. Beim morgendlichen Besuch in der Stadt konnte Frau M. mir noch gut helfen, beim Spaziergang am Nachmittag fehlte ihr dazu die Kraft. Meine Kräfte waren offensichtlich auch schon erlahmt. Ich ließ sie jedenfalls fallen und zog mir beim neuerlichen Versuch, sie ins Auto zu setzen, eine Blockade in der Wirbelsäule zu, so dass ich mich nicht mehr bewegen konnte. Wir mussten wiederum auf Hilfe warten. An dieser Stelle möchte ich einmal die große Hilfsbereitschaft meiner Mitmenschen ausdrücklich loben. Ich habe bisher nur freundliche Leute getroffen, die in solchen Situationen selbstverständlich zur Hilfe kamen. Die Einschulung wurde wegen meines lädierten Kreuzes zunächst für eine Woche unterbrochen. Flexibel wie man nun einmal sein muss, bin ich danach zu ihr nach Hause gefahren und habe die Einschulung komplett bei ihr vor Ort absolviert, weil sie dort den Pflegedienst als Hilfe hatte und ich sie nicht mehr heben musste.

Eine besonders komplizierte Einschulung ist mir auch noch gut im Gedächtnis, weil wir vier Wochen lang bangen mussten, ob sie wirklich funktioniert. Bei dem BBH handelte es sich um Enzi, eine Labradorhündin wie man sie sich wünscht: menschenfreundlich, ausgeglichen, gutmütig. Ich hatte zwar bereits gegen Ende ihrer Ausbildung bemerkt, dass sie in ihren Leistungen nachließ und öfter anfing, fremde Menschen anzubellen. Damals war ich aber noch zu unerfahren, um diese Anzeichen von Stress zu erkennen. Es kam die Einschulung mit ihrem neuen Herrn, einem jungen Mann, der nach einem Unfall ab den Brustwirbeln querschnittsgelähmt war. Er konnte seine Arme gut einsetzen, aber seine Bauchmuskulatur war schon ohne Kraft. Enzi durfte also auf keinen Fall stark an der Leine ziehen, was sie während der Ausbildung bei mir auch nie gemacht hatte. Bei der Einschulung des Teams in Homburg geschah es dann. Als Herr K. mit Enzi allein unterwegs war, zog sie ihn dreimal aus dem Rollstuhl, weil sie eine andere Person ankläffte und an der Leine zerrte. Das ist natürlich ein Albtraum für jeden Hundetrainer. Enzi war so sehr gestresst und verunsichert, dass sich ihr Wesen änderte. Sie wollte auch von Herrn K. kein Fressen annehmen. Die Situation schien mir so verfahren, dass ich Enzi dem jungen Mann nicht mit nach Hause geben wollte. Er überredete mich allerdings doch dazu mit dem Argument, dass sich die Unsicherheit der Hündin legen werde, wenn er erst einmal längere Zeit mit ihr allein wäre und ich nicht mehr störe. Fünf Tage später rief er an und bat mich, den Hund wieder zurückzunehmen, weil es ihm zu gefährlich werde. Enzi hatte ihn nicht nur ein weiteres Mal aus dem Rollstuhl gezerrt, sie kläffte auch jeden an, der am Haus vorbeiging. Sie verbellte auch die Nachbarn in aggressiver Weise, kurz: aus Enzi war ein ganz anderer Hund geworden. Flugs setzte ich mich ins Auto und fuhr die 400 Kilometer bis zum Wohnort von Herrn K.. Es war klar, dass der Hund unter starkem Stress stand. Auf Anraten meines Tierarztes setzte ich mich mit einem Kollegen von ihm in Verbindung, der sich mit

Hundepsychologie beschäftigte und stellte ihm Enzi vor. Der Arzt gab mir den Rat, dass die Hündin einfach Urlaub brauche. Er kannte das Problem von anderen Hunden, die für den Hundesport eingesetzt werden. Da mein Mann und ich mit unseren zwei eigenen Hunden sowieso kurz vor dem Urlaub standen, nahmen wir Enzi kurz entschlossen für 14 Tage mit ans Meer. Im Laufe dieser zwei Wochen wurde sie immer ruhiger und ausgeglichener, sie wurde wieder zu der menschenfreundlichen, liebenswerten Labradorhündin, wie ich sie zuvor kannte. Nach dem Urlaub hatte ich sie noch weitere zwei Wochen bei mir zu Hause, absolvierte mit ihr nur täglich Stadtbesuche, arbeitete sonst aber nicht mit ihr. Vier Wochen der Ungewissheit waren für Herrn K. vergangen, bis ich Enzi wieder für einen zweiten Versuch zu ihm brachte. Er hing trotz der massiven Schwierigkeiten schon mit seinem Herz an dem Hund und schwebte in dieser Zeit zwischen Hoffen und Bangen, ob er sie wieder zurückbekommen würde. Ich blieb vier Tage zur Einschulung bei Herrn K. und Enzi war wie ausgewechselt. Sie bereitete uns keinerlei Probleme mehr. Nachbarn und Familienangehörige von Herrn K. konnten kaum glauben, dass es sich um denselben Hund handelte. Mich hat diese Geschichte gelehrt, dass man als Trainer genau auf die Anzeichen achten muss, wann ein Hund überfordert und zu sehr gestresst ist. Es verlangt natürlich viel Erfahrung, die Anzeichen rechtzeitig zu erkennen. Ich glaube zwar, dass ich das heute sehr gut erkennen kann, es ist mir aber immer bewusst, dass die Anzeichen leicht zu übersehen sind.

3.3. Training im neuen Zuhause

Bei meiner Ankunft freut sich der Hund natürlich riesig, dass er mich wieder sieht. Es versteht sich von selbst, dass ich nicht bei dem Rollstuhlfahrer wohne, sondern für diese zweite Woche der Einschulung in einem Hotel oder bei der Verwandtschaft des Behinderten übernachte. Der Grund hierfür ist ganz einfach: Für den Hund muss klar sein, dass sein neuer Mensch der Boss ist. Ich darf auf keinen Fall bei ihm den Eindruck erwecken, dass ich diese Rolle wieder übernehme. Deshalb laufen die Tage nach einem ähnlichen Schema ab wie in der Woche zuvor. Ich komme nur als Gast für die Trainingseinheiten zu dem Rollifahrer und gehe dann wieder.

Das Team wird selbständiger

Anfangs gehe ich mit dem Team noch vor Ort spazieren, ziehe mich aber sehr bald zurück, wenn ich feststelle, dass hierbei keine Schwierigkeiten auftreten. Das Zurückziehen sieht so aus, dass ich zwar außer Sicht- und Riechweite für das Team bin, per Handy aber notfalls jederzeit zu Hilfe gerufen werden kann. Ist der Rollifahrer auf diese Weise mit seinem Hund allein und merkt, dass dieser auch ohne meine Anwesenheit für ihn arbeitet, so stärkt es das Vertrauen in seinen zukünftigen Partner. Bei den Stadtgängen gehen wir gemeinsam die vom Rollifahrer bevorzugten Geschäfte ab. Der Hund lernt dadurch zusammen mit seinem Menschen seine neue Umgebung kennen und hat zugleich meine Anwesenheit als Sicherheit. Anfangs fühlt er sich einfach sicherer, wenn ich dabei bin. Ich mache alle meine Neuen BBH-Besitzer darauf aufmerksam, dass sie zunächst nur die kleinen Gänge mit ihrem Hund absolvieren sollen, damit er sie kennen lernt. Klappen solche Besuche von ein oder maximal zwei kleineren Geschäften bereits gut, so können sie auch den großen Supermarkt angehen. Gut klappen heißt: Der Hund geht in relativer Fußposition sicher und entspannt neben seinem Menschen. Nach und nach können sie auf diese Weise mit ihrem Hund ihren Aktionsradius vergrößern.

Neben Spazier- und Stadtgängen steht auch das Spezialtraining in der Wohnung wieder an, bei dem es in der ersten Woche der Einschulung bei mir in Homburg wie bereits beschrieben zu den meisten Schwierigkeiten kommt. Hier zeigt sich, wie gut das erste gemeinsame Wochenende allein dem Team getan hat. Der Hund hat sich bereits etwas auf seinen neuen Besitzer eingestellt und verstanden, dass er nun ihm dienen soll. Das sieht man an den guten Fortschritten beim Spezialtraining. Sollte es doch noch nicht so gut funktionieren, muss man wieder einmal viel Geduld aufbringen. Das heißt nicht, dass man dem Hund seinen Willen läßt und er gar nichts arbeiten muss. Doch der Trainer ist wieder einmal gefragt, neue Motivationsanreize zu geben. Teilweise genügt es, wenn in einer Stunde nur eine Übung absolviert wird. Der Hund kann die Übungen ja, er sperrt sich nur dagegen. Ist dieser Knoten geplatzt, geht es wie von selbst.

Nur korrekte Kommandos führen zum Ziel

Bisher hört sich die Einschulung fast so an, als ob nur der Hund auf dem Prüfstand sei. Doch der BBH kann seine Aufgaben schon, man muss nur sehen, ob er sie auch für diesen neuen Menschen ausführen wird. Genauso wichtig ist die Einschulung des Behinderten. In den ersten Tagen beobachte ich sie zunächst in ihrem Umgang mit dem Hund und halte mich mit Korrekturen sehr zurück. Auch sie stehen in einer besonderen Stresssituation, die sie erst einmal meistern müssen. Mit der Zeit korrigiere ich sie immer öfter. Zum Schluss werden sie von mir fast ständig hören, was gerade falsch war und wie sie es richtig machen müssen, bis es ihnen und mir fast zum Halse heraus hängt. Es ist bisweilen für mich schwierig zu beurteilen, ob ein Rollifahrer eine Anweisung von mir nicht befolgt, weil er eigensinnig ist und seine eigenen Kommandos geben will, oder weil seine Konzentration wegen der Fülle der neu zu erlernenden Dinge nachlässt. Auch ich muss mich auf die verschiedensten Charaktere einstellen und habe festgestellt, dass vor allem Männer Schwierigkeiten haben, von mir Korrekturen anzunehmen und zu erlernen, wie sie mit dem Hund umgehen sollen. Die Rollstuhlfahrer halten sich leider nicht immer exakt an meine Kommandos, die ich ihnen schon vor der Einschulung des Teams zur Vorbereitung schriftlich zusende. Sie geben dann bisweilen „umformulierte„ Kommandos, die es dem Hund schwer machen zu verstehen, was von ihm verlangt wird. Die richtigen sind aber das A und O einer guten Zusammenarbeit zwischen Hund und Mensch. Der Hund ist von mir genau auf diese bestimmten Kommandos hin ausgebildet worden, die er aus dem Effeff kann. Daher bestehe ich den Menschen gegenüber auch darauf, dass sie die bekannten

Kommandos erlernen und verwenden. Inwieweit sie während der kommenden jahrelangen Partnerschaft mit ihrem vierbeinigen Gefährten eigene Kommandos entwickeln, ist ihnen dann selbst überlassen. Doch am Anfang darf ich ihnen keine Freiheiten lassen, damit der Hund nicht zu sehr verunsichert wird und die Einschulung schließlich an den ungenauen Kommandos scheitert. Das bedeutet nicht, dass ich nicht flexibel bin und gute neue Ideen nicht aufgreifen würde. Doch in der Einschulungsphase des Teams, die sowieso für alle drei Teilnehmer Stress pur bedeutet, sind solche Diskussionen nur kontraproduktiv und vom Trainer auf jeden Fall zu unterbinden.

Der endgültige Abschied naht

Nun naht der für mich schreckliche Tag X, die endgültige Trennung von „meinem" Hund. Mir fällt dieser Abschied immer sehr schwer, auch wenn er von Anfang an absehbar ist. Der Tag bringt aber auch eine Erleichterung für meinen anderen Schüler, den Rollstuhlfahrer, und mich mit sich. Meistens sind wir zu diesem Zeitpunkt, nach insgesamt etwa zwei Wochen des Training´s bei mir und ihm, froh, wieder unser eigenes Leben zu führen. Schließlich sind wir doch zwei Fremde, die in den zwei Wochen bis zu zehn Stunden täglich gemeinsam verbringen. Diese Zeit ist sowohl für mich als Lehrer als auch für ihn als Schüler in der Regel ziemlich anstrengend, auch wenn ich schon leichte, fast lockere Einschulungen erlebt habe. Ich verabschiede mich nicht offiziell, mit großen Worten, von dem neuen Team, damit der Hund diese Trennung gar nicht richtig registriert. Sein neuer Besitzer weiß natürlich Bescheid, doch ansonsten versuche ich, einfach still und leise von der Bildfläche zu verschwinden. Auf diese Weise kann ich meine Emotionen etwas im Zaum halten und vermeide es, dem Behinderten das Gefühl zu geben, er oder sie nähmen mir den Hund weg. Manchmal erhalte ich zum Abschied ein sicherlich lieb gemeintes Geschenk oder einen Blumenstrauß, worüber ich mich in diesem Augenblick aber nicht wirklich freuen kann. Sobald ich wieder zu Hause bin, beginnt für mich eine schlimme Zeit. Ich streiche dann ständig um das

Telefon herum und warte auf einen Anruf, eine Mitteilung, wie es dem Team und letztendlich meinem Hund ergeht. Das mag man jetzt als übertriebene Sentimentalität abtun, doch das ist es nicht. Natürlich ist mir der Hund während des halben Jahres, die er normalerweise bei mir zur Ausbildung lebt, ans Herz gewachsen. Noch schwerer wiegt aber die Verantwortung, die ich als Trainer für das Tier übernehme, das nicht entscheiden kann, bei wem es leben will, und damit unmündig ist. Ich habe den Hund für diese Arbeit ausgewählt, ihn trainiert und ihn an seinen neuen Menschen abgegeben. Damit hört für mich die Verantwortung nicht auf. Ich fühle mich weiterhin für ihn zuständig und muss mich darum sorgen, dass er seine Arbeit gut verrichtet und – und das kann ich nicht oft genug betonen – dass er sich bei seinem neuen Menschen glücklich fühlt, dass es ihm dort so gut geht, wie man sich das für jeden Hund wünscht. Der Hund kann nicht einfach zum Telefon greifen und mir sein Leid klagen. In dieser Hinsicht bin ich ganz auf die Rückmeldungen von seinem neuen Besitzer angewiesen, die für mich nie schnell und häufig genug eingehen. Ich bin mir dabei völlig im Klaren, dass das Team nun erst einmal viel Zeit für sich braucht. Für beide ist die neue Lebenssituation fremd, eine Umstellung und sehr zeitaufwendig. Ich weiß, dass mir der neue Besitzer nicht jedes Schwanzwedeln des Hundes berichten kann, aber genau das möchte ich haben. Am liebsten würde ich mich persönlich per Kamera über das Wohlergehen meines Azubis bei seinem neuen Menschen überzeugen, doch das geht natürlich nicht. Und so werden für mich die Tage, an denen ich keine Nachricht bekomme, sehr lang. Ich habe schon am ersten Abend nach einer Trennung vier Mal in meinem Computer nachgesehen, ob ich nicht statt eines Telefonats ein E-Mail erhalten habe. Manche rufen glücklicherweise schon am zweiten Tag an, andere haben mich auch schon eine Woche auf die erste Nachricht warten lassen. Auch in diesem Fall gilt das alte Prinzip, dass schlechte Nachrichten sich schneller verbreiten als gute. Doch jeder Mensch, der ein Tier ausgebildet hat und/oder es in fremde Hände geben musste, kann meine Gefühle sicherlich voll und ganz nachvollziehen. Viele neue BBH-Besitzer wundern sich

über meine Ängste und Nachfragen und rechtfertigen ihr
Schweigen damit, dass „ja alles gut geklappt hat und nichts passiert ist". Die Frauen sind eher geneigt, mir mehr über sich und
den Hund zu erzählen. Bei den Männern stoße ich da meist ins
Leere. Wenn ich zum Beispiel mit Herrn O. aus Polen per E-Mail
„sprach" und ihn nach seinem von mir ausgebildeten Hund
Bommel fragte, kam anfangs nur die lapidare Antwort: „Ihm
geht es gut. Er liegt neben mir und schläft". Dann musste ich mit
anderen Tricks mehr aus ihm herauskitzeln, eine Erfahrung, die
ich auch mit anderen männlichen Rollstuhlfahrern machte. Bei
den Frauen ist es dagegen ein wunderbarer Austausch. Ich
erhalte von ihnen viele Informationen über den Hund.

Ein Test zum Abschluss

Bevor der BBH endgültig in den Besitz des Behinderten übergeht,
muss das Team sich noch einem Test stellen. Ich benutze dafür als
Vorlage den Test, den ich während meiner Ausbildung in den
USA kennengelernt und selbst ins Deutsche übertragen habe. In
meiner Anfangszeit als BBH-Trainerin habe ich das Team direkt
im Anschluss an die Einschulung geprüft. Mit der Zeit bin ich
dazu übergegangen, erst vier Wochen später den Test durchzuführen. Inzwischen halte ich aber das Vorbild der Engländer, die
erst nach drei Monaten überprüfen, für einen noch besseren Weg.
Dann kann man von einem einigermaßen zusammengewachse-
nen Team sprechen und der Test ist demgemäß aussagekräftiger.
Mit diesem Test soll im Prinzip nur überprüft werden, ob sich der
Rollstuhlfahrer mit seinem Hund in der Öffentlichkeit ohne Risiko
für sich selbst und seinen Mitmenschen bewegen kann. Was wird
alles überprüft? Der Test für die Eignung des Gespanns in der
Öffentlichkeit folgt praktisch einem Einkaufsweg des Teams, das
mit dem Auto oder dem Bus in die Stadt fährt, zu einem Geschäft
geht, einkauft und wieder nach Hause fährt. Es beginnt mit dem
Ausladen. Der Rollstuhlfahrer muss als erster aussteigen und seinen Rollstuhl ausladen. Der Hund muss währenddessen brav im
Auto oder im Bus warten, auch bei geöffneter Tür, und darf erst
auf Kommando hinausspringen. Sodann kommt das korrekte

144

Fuß-Gehen am Rollstuhl an die Reihe. Geht der Hund relativ ordentlich mit lockerer Leine am Rollstuhl? Er darf weder selbst ziehen noch sich ziehen lassen. Er muss auch bei großer Betriebsamkeit um ihn herum ruhig bleiben und immer dann anhalten, wenn sein Rollstuhlfahrer stoppt. Das Team hat nun das Geschäft erreicht und geht durch die Eingangstür. Der Hund muss ruhig an der Tür warten, bis sein Mensch im Geschäft ist, ihm erst auf Befehl nachfolgen und in ruhiger Weise seine Fußposition neben ihm wieder einnehmen. In einem größeren Gebäude wird getestet, ob der Rollstuhlfahrer mit seinem Hund zügig Engstellen passieren und um die Ecke fahren kann. Zu dem Test gehört auch eine Überprüfung, inwieweit der Hund auch ohne Leine auf Kommandos hört. Kommt er sofort auf das Kommando „Hier" wieder zu seinem Herrchen/Frauchen zurück und begleitet er den Rollstuhl auch ohne Leine in vorschriftsmäßiger Fußposition? Dies ist für den gar nicht so seltenen Fall gedacht, dass die Leine dem Rollstuhlfahrer aus der Hand gleitet. Außerdem wird getestet, inwieweit der Hund auch bei Ablenkungen die Kommandos „Sitz" und „Platz" befolgt. Er muss sitzen bleiben, auch wenn etwas Fressbares am Boden liegt, ein Einkaufswagen kommt oder ein Fremder ihn streichelt. Er muss sich in einem Geschäft hinlegen und ruhig an seinem Platz liegen bleiben auch wenn Futter am Boden liegt, ein Kind sich nähert oder ein Fremder über ihn hinwegsteigt. Gerade für Retriever ist Futter vor der Nase eine echter Test, da sie bekanntlich wandelnde Müllschlucker sind. Ein weiteres Testgebiet ist das Verhalten des Tieres gegenüber Lärm und fremden Menschen. Dafür lässt man einen Gegenstand mit Wucht hinter dem Hund zu Boden fallen. Selbstverständlich darf der Hund erschrecken. Gerade temperamentvolle Tiere werden sicherlich einen Satz machen. Sie müssen sich aber schnell wieder beruhigen und dürfen als Folge auf den Lärm nicht verstört sein. In einem Lokal wird geprüft, inwieweit der Hund sich unaufdringlich gegenüber den anderen Gästen und dem Personal benimmt. Er darf nicht betteln, sondern soll ruhig sitzen oder liegen bleiben. Auch das Verlassen eines Kaufhauses oder Einkaufszentrums wird notiert. Der Hund muss sich auch beim Verlassen locker verhalten, darf nicht hinausziehen aus Erleichterung, dass es endlich wieder nach Hause geht. Beim Einladen in das Auto ist wiederum wichtig, dass der Hund zuerst hineinspringt und geduldig wartet, bis auch der Rollstuhlfahrer wieder eingestiegen ist. Während all dieser Kontrollschritte hat der Tester auch das Team und sein Verhältnis zueinander im Auge. Wird der Hund ausreichend gelobt, ist er entspannt, freundlich und voll Vertrauen in seinen Menschen? Hat der Mensch seinen Hund jederzeit gut unter Kontrolle? Zum guten Bestehen des Test muss das Team 80 Prozent der Testsituationen zur Zufriedenheit des Testers bestehen. Ich bevorzuge es, wenn diese Überprüfung nicht von mir selbst, sondern von einer dritten Person durchgeführt wird. Damit will ich vermeiden, dass der Hund durch meine Anwesenheit zu sehr aufgeregt ist und den Test deshalb nicht so gut absolviert. Ich wende mich deshalb meistens an hundeerfahrene Leute oder Hundetrainer um Hilfe. Das hat in meinen Augen den zusätzlichen Vorteil, dass das Testergebnis weitaus objektiver ist, als wenn ich selbst da stünde. Bisher ist bei mir noch kein Team durchgefallen. Das heißt nicht, dass wir dazu neigen, beide Augen zuzudrücken. Doch die Teams sind meist gut aufeinander eingespielt, was ich nicht zuletzt meiner sorgfältigen Auswahl und der Zusammenstellung zuschreibe. Dieser Test soll auch weder als Abitur noch als Hochleistungsprüfung angesehen und durchgeführt werden.

3.4. Die Nachsorge

Für mich hört die Betreuung des neuen Teams nicht nach der Einschulung, wenn der Hund in das Eigentum des neuen Besitzers übergegangen ist, auf. Ich kümmere mich auch weiter um die Partner Mensch-Hund. Erst wenn das Team sich aufeinander eingespielt hat und Probleme noch vorhanden sind oder neu auftauchen, komme ich zum Auffrischungskurs. Etwas anderes ist die Nachschulung, die auch nach Monaten oder Jahren notwendig werden kann. Wenn der Rollstuhlfahrer im Laufe der Monate und Jahre immer ein wenig nachlässiger wird und dem Hund mehr durchgehen lässt, kann es zum Beispiel passieren, dass ein Hund, der immer problemlos am Rollstuhl ging, plötzlich anfängt zu ziehen. Meines Erachtens warten die Rollstuhlfahrer immer zu lange, bis sie sich bei mir melden, um zu gestehen, dass es nicht mehr optimal mit ihrem Hund läuft. Meistens erkundigen sie sich zuerst bei anderen Fachleuten, was sie denn machen könnten. Das ist - ich muss das ausdrücklich betonen - schlichtweg falsch! Der Hund hat seine Arbeit bei mir auf - wie in den vorherigen Kapiteln zu lesen ist - eine spezielle Art gelernt. Sollten sich also bei ihm und seinem Menschen Fehler einschleichen, so können sie nach meiner Methode am schnellsten und problemlosesten beseitigt werden. Kommen wir zum Beispiel noch einmal auf den Fall zu sprechen, dass der Hund nicht mehr neben dem Rolli bei Fuß geht, sondern ständig an der Leine nach vorne zieht. Bei mir lernen die Hunde, dass ich sofort stehen bleibe – egal ob ich zu Fuß oder im Rollstuhl unterwegs bin – wenn sie anfangen zu ziehen. Ich gebe ihnen dann nochmals ruhig das Kommando „Fuß" und wir beginnen von neuem. Fängt der Hund wieder an zu ziehen, bleiben wir sofort wieder stehen. Es wird meinen Azubis sehr schnell zu blöd, dass sie ständig stehen bleiben müssen. Auf diese Art habe ich sie schnell in der Fußposition, in der ich sie haben möchte. Natürlich bringe ich das auch meinen Rollstuhlfahrern bei, aber im Alltagsstress geht dieses Wissen oft verloren. Schließlich sind sie nicht wie ich daran gewöhnt, immer wieder neue Hunde zu erziehen und zu trainieren. Anfangs wird das Ziehen übergangen und erst wenn der Hund ständig vor dem Rolli her läuft und dadurch lästig wird, erst dann versuchen die Rollstuhlfahrer etwas dagegen zu unternehmen. Das ist der Augenblick, in dem sie spätestens mich um Hilfe bitten sollten. Muss der Hund nämlich jetzt auf eine andere Art lernen, bei Fuß zu gehen, so dauert das viel zu lange. Wendet man hingegen meine Methode an, so erinnert der Hund sich an das Gelernte und der Fehler ist leichter und schneller ausgebügelt. Um nicht falsch verstanden zu werden: Ich behaupte bei weitem nicht, dass meine Methode des Trainings die allein selig machende ist. Für das Tier ist es nur einfacher, sich an einmal gemachte Erfahrungen zu erinnern, als das ganze auf andere Art nochmals von neuem lernen zu müssen. Sollten bei meinen Teams also Probleme auftauchen, so fahre ich möglichst persönlich hin oder bitte jemanden, der meine Methode kennt, es für mich zu tun. Von Herrn K. aus Hannover hatte ich über Umwege erfahren, dass sein Hund nur noch in der Leine hänge und überhaupt nicht mehr richtig Fuß gehe. Leider hat mir Herr K. nie selbst etwas davon erzählt, so dass ich ihm bei den gelegentlichen Telefonaten auch keine Hilfe anbieten konnte. In dieser verfahrenen Situation kam mir das Fernsehen zu Hilfe. Ein Kamerateam hatte sich bei Herrn K angemeldet, um ihn mit seinem Hund zu filmen. Nun wurde für ihn der Leidensdruck doch so groß, dass er mir gestand, dass seine Schäferhündin Lisa nicht mehr gut am Rollstuhl gehe. Er hatte schon etliche Leute um Rat gefragt, ohne Erfolg. Es genügte, Herrn K. am Telefon den Hinweis zu geben, dass er mit seinem E-Rolli einfach immer dann stehen bleiben muss, wenn der Hund an der Leine zieht. Und siehe da, es brauchte nur drei oder vier Stops, bis Lisa sich an diese ätzende Übung erinnerte und wieder tadellos an der Leine ging. Herr K war erleichtert und blamierte sich und mich auch bei den Fernsehaufnahmen nicht.

Das Apportieren führt auch des Öfteren zu Problemen. Entweder der Hund hört plötzlich auf damit, oder er verweigert es von Anfang an für den neuen Menschen. Ich stehe auf dem Standpunkt, dass das Team zuerst einmal zusammenfinden muss. Dafür lasse ich ihm etwa drei bis vier Monate Zeit, in der ich zwar telefonisch Kontakt halte, aber das Team nicht besuche, auch wenn das Apportieren nicht klappen sollte. Ich versuche am Telefon Tipps zu geben, aber das hilft manchmal auch nichts. Ich muss mir dann selbst ein Bild davon machen, warum der Hund nicht oder nicht mehr apportieren will. Bei der an MS erkrankten Rollstuhlfahrerin M. haben wir lange gerätselt, weshalb ihr Golden Retrieverrüde, der immer ganz toll apportierte, diesen Dienst plötzlich verweigerte. Fiel ihr etwas auf den Boden, so legte sich der Hund einfach neben diesen Gegenstand und rührte sich nicht mehr. Ich habe das Problem erst erkannt, als ich sie besuchte und selbst sehen konnte, woran es lag. Frau M. konnte ihre Bewegungen nicht genügend kontrollieren und hatte so unabsichtlich ihrem Hund, als er ihr einen Gegenstand apportierte, auf die Schnauze geschlagen. Da der Hund sehr sensibel war, hörte er von diesem Tag auf, ihr Gegenstände zu bringen. Frau M und ich haben mit vereinten Kräften ausprobiert, wie dieses Problem zu lösen sei. Das Apportieren in die ausgestreckte Hand hatte sich als nicht praktikabel erwiesen. Auf den Schoß konnte der Hund den jeweiligen Gegenstand auch nicht legen, da der dann zwischen den Oberschenkeln wieder nach unten fiel. Schließlich kam ich auf die Idee, dass Frau M. ihre Hände in den Schoß legen könnte. In dieser Position lagen sie ruhig und der Hund konnte gefahrlos den apportierten Gegenstand hineinlegen.

Leider bin ich auch nicht von dem bekannten Vorführeffekt verschont. Bei mir spielt er sich allerdings etwas anders ab als normalerweise, wenn man etwas vorführen soll und es nicht klappt. Ich habe öfters das Problem, dass der Hund, sobald ich dabei bin, plötzlich alles wieder kann, was er vermeintlich vergessen hatte. So ging es bei der Vizsla-Hündin Luzy, die sich von Beginn an weigerte, ihrer neuen Besitzerin Kerstin zu apportieren. Ich war kaum zur Nachsorge angekommen, als Kerstin die Geldbörse herunterfiel. Luzy ging wie selbstverständlich und ohne ein Kommando erhalten zu haben hin und brachte sie wieder ihrem Frauchen. Kerstin war völlig perplex und konnte es gar nicht glauben. Auch unsere weiteren Testversuche mit Kugelschreiber und Radiergummi waren erfolgreich: Luzy hob alles brav auf. Als Hausaufgabe gab ich Kerstin auf, dass sie Luzy zwei Tage lang kein Lekkerli als Belohnung geben sollte. Dann sollte sie den Futterbeutel zum Apportieren hinfallen lassen, den Luzy immer gerne aufhob, weil sie wußte, dass darin die schmackhafte Belohnung versteckt war. Unser Trick hatte aber leider keinen Erfolg. Wir mussten schließlich zu drastischeren Methoden greifen: Liebes- und Futterentzug. Nachdem Luzy sich weiterhin weigerte zu apportieren, bekam sie kein Fressen mehr. Natürlich hätten wir die Hündin nicht verhungern lassen, sondern hatten uns von Anfang an drei Tage als Limit für diese Nulldiät gesetzt. Und siehe da, am dritten Tag schnappte sich Luzy den Geldbeutel aus Kerstins Hand, drehte eine Runde durchs Zimmer und legte ihn ihr brav wieder in den Schoß. Als Belohnung folgte sofort eine Handvoll Futter. Von diesem Tag an apportierte Luzy selbstverständlich alle heruntergefallenen Gegenstände. Zwei Tage lang musste sie sich auf diese Art ihr Fressen verdienen, dann wurde sie wieder ganz normal zweimal am Tag gefüttert. Einige Wochen danach benötigte die Vizsla-Hündin noch einmal einen Diättag. Seitdem weiß Kerstin, wie sie auf die Verweigerung ihrer Hündin reagieren muss.

*Die Schwierigkeiten sind endlich beseitigt und das Team Luzy-Kerstin aufein-
ander eingespielt*

Es gibt also für den Trainer immer wieder etwas zu tun, selbst wenn das Team schon längere Zeit zusammen ist. Ich muss allerdings von den Schwierigkeiten unterrichtet werden. Ich kann deshalb an dieser Stelle nur nochmals eindringlich an alle apellieren, sich nicht zu genieren, wenn der Hund nicht mehr richtig arbeitet. Das kann jedem passieren! Es ist nichts Ehrenrühriges und man muss sich auch nicht dafür schämen. Das wichtigste ist, dass man sich mit solch einem Problem gleich an den Hundetrainer wendet! Von diesem ist dann wiederum gefordert, dass er einfühlsam auf die Probleme eingeht und nicht leichtfertig die Schuld dem Behinderten zuschiebt. Deshalb muss der Trainer gegebenenfalls auch mal neue Wege finden, um den BBH wieder zu motivieren und das Team zu stärken. Es darf auf keinen Fall beim Behinderten der Eindruck entstehen, dass die Schuld nur an ihm liegt, damit das Vertrauensverhältnis nicht zerstört wird. Der Ausbilder muss jederzeit ein offenes Ohr für seine Schützlinge haben.

3.5. Erfahrungen mit dem BBH – Mit William bin ich wieder zum Leben erwacht!

Bisher habe ich vor allem aus meiner Sicht über den BBH, seinen Menschen und das Team gesprochen. Nun will ich auch eine meiner Rollifahrer, ihre Mutter und ihren Arzt zu Worte kommen lassen. Ich habe sie nach ihren Erfahrungen mit dem BBH gefragt. Es handelt sich um Nadja, eine an Multipler Sklerose erkrankte junge Frau von Anfang 30 Jahren. Sie erfuhr durch einen meiner Auftritte im Fernsehen von der Existenz von Begleithunden für Behinderte, fand dann übers Internet meine Adresse heraus und stattete mir gemeinsam mit ihrer Mutter einen ersten Besuch ab. Als ich die intelligente junge Frau damals kennen lernte, war sie bei allen täglichen Verrichtungen auf die Hilfe eines Menschen angewiesen. Sie konnte nur mit einem Strohhalm trinken, weil sie kein Glas hochheben konnte. An die Luft kam sie nur, wenn der sie betreuende Zivildienstleistende kam. Allein sah sie keinen Sinn darin, hinauszugehen, weswegen sie sich auch keinen Elektro-Rollstuhl zugelegt hatte. Bis Anfang 20 hatte Nadja ein ganz normales Leben geführt, doch nachdem sie 1992 die Ausbildung als Bürokauffrau abgeschlossen hatte, kamen die ersten schweren Krankheitsschübe. Fünf Jahre später war die junge Frau auf den Rollstuhl angewiesen. Mit der Begeisterung für einen BBH überzeugte sie zunächst ihre teilweise gar nicht so begeisterte Familie. Der Bruder lehnte die Idee mit den Worten: Ich habe keine Zeit! zunächst vehement ab, wie Nadja sich erinnert. Er hatte die Verantwortung für einen Hund und die Arbeit mit ihm seiner Schwester nicht zugetraut. Sowohl Nadja als auch ihr Bruder wussten sehr wohl, was auf sie zukommen würde, da sie mit einem Hund aufgewachsen waren. Doch Nadja ließ sich von solch einer Reaktion nicht von ihrem Wunsch abbringen. Sie hat sich durch und mit ihrem BBH regelrecht emanzipiert. Zielstrebig betrieb sie die Verwirklichung ihres Traums. Sie lernte für den Hund E-Rolli fahren und geht heute dreimal täglich mit ihrem Golden Retriever William zum Spaziergang an die Luft. Sollte es ihr nicht so gut gehen, so hat sie Ersatz organisiert. Über William hat sie andere Hundebesitzer kennen gelernt, die dann gerne den wohlerzogenen Golden Retriever zum Spaziergang mitnehmen. Oder sie wendet sich an das hundebegeisterte Nachbarsmädchen Melanie, das selbst keinen Hund haben kann. Seit 1999 sind Nadja und William ein Team und die junge Frau ist „im Prinzip rundweg glücklich" mit ihrem vierbeinigen Helfer. „Mich gibt's nur noch im Doppelpack", sagt die junge Frau selbst. „Ohne William gehe ich eigentlich nicht weg. Und ich gehe auf jeden Fall mehr raus, was ich vorher nicht gemacht habe". Dabei war gerade dieser Anfang für sie besonders schwer. Denn zeitgleich zur Einschulung mit William musste Nadja auch lernen, den E-Rolli zu fahren. Als sie dann dem Hund versehentlich einmal gegen die Pfote und einmal über den Schwanz fuhr, war es für sie fast das Anfang vom Ende. Sie machte sich sofort solche Vorwürfe, dem Hund weh getan zu haben, dass sie schon fast aufgeben wollte. Zwischen ein und drei Stunden verbringt Nadja mittlerweile mit ihrem Hund täglich auf Spaziergängen, die bis zu 20 Kilometer reichen können. „Von dem Zeitpunkt, als ich William bekam, bin ich eigentlich erst wieder zum Leben erwacht, bin wieder selbständiger geworden und lasse mich nicht mehr nur treiben, wie zuvor", schildert sie ihr neues „farbenfroheres" Leben mit BBH. Bei wiederholten Besuchen konnte ich übrigens auch beobachten, dass Nadja an guten Tagen jetzt ein Glas selbst wieder mit den Händen zum Mund führen kann, sie zieht sich selbständig die Jacke über vor dem Spaziergang, kann wieder selbst essen und auch für sich kochen. Sie scheint wieder kräftiger geworden zu sein. Es ist müßig darüber zu spekulieren, ob William der alleinige Grund für die Verbesserung ihrer Mobilität ist, er hat aber sicherlich mit dazu beigetragen. „William hat mir auf jeden Fall gut getan, auch in bezug auf meine Krankheit", bestätigt sie selbst. Selbstsicher sei sie auch früher gewesen, doch jetzt wisse sie einfach „Ich komme ans Ziel!" Bei all der neu gewonnenen Lebensfreude und dem Spaß, den die beiden aneinander haben, stellt Nadja jedoch stets klar, dass sie der „Boss" im Team ist. Und deshalb funktioniert ihre Zusammenarbeit und das Zusammenleben auch so gut.

Mich gibt`s nur noch im Doppelpack, sagt Nadja über sich und William

Lassen wir nun Nadjas Mutter zu Wort kommen. Ablehnend, skeptisch und kritisch war ihre Reaktion, als ihre Tochter zum ersten Mal davon sprach, einen Behindertenbegleithund zu wollen. „Weil ich eigentlich im ersten Moment dachte, dass damit eine zusätzliche Arbeit auf mich zukommt. Meine Kinder hatten in frühester Kindheit einen Hund. Und ich habe sie dahingehend erzogen, dass ein Hund Pflege braucht, dass immer zuerst das Tier kommt und sie erst danach an sich denken können. Man muss bei Wind und Wetter mit dem Hund hinausgehen. Er muss gepflegt, gebürstet werden und konsequent erzogen werden. Die Voraussetzungen waren die gleichen, wie in ihrer Kindheit, eine große Aufgabe also für Nadja. Ich hatte nie erwartet, dass sie das so selbständig machen kann, wie sie es jetzt macht". Mit dieser eher distanziert-skeptischen Einstellung fuhr die Mutter mit Nadja nach Homburg, um sich von mir informieren zu lassen. „Ich wollte zunächst abwarten, wie die Hundetrainerin reagiert, wie sie das ganze Thema angeht". Erst nach dem Besuch wollte sie mit ihrer Tochter ernsthaft über das Thema BBH sprechen. „Der Besuch war sehr aufschlußreich. Die Trainerin war absolut nicht euphorisch, sondern sachlich und realistisch. So kritisch, wie ich bin, kam es mir auch von Heidi Scherr entgegen. Man merkte, dass sie nicht zuviel verspricht und auch keinen Hund loswerden will. Auf dem Nachhauseweg sagte ich dann zu Nadja, wenn wir es tun, dann mit dieser Trainerin!" Nach nunmehr fast drei Jahren habe sich durch den Hund das Leben ihrer Tochter „100prozentig verändert". „Nadja macht die Arbeit mit dem Hund ganz alleine. Selbst wenn sie nicht rausgehen kann – aus welchen Gründen auch immer - organisiert sie Leute, die mit dem Hund spazieren gehen. Sie nützt diese Hilfe aber nicht aus, nur weil sie gerade zu faul ist, oder keine Lust hat. Der Hund ist bei ihr die erste Priorität. Sie steht auf dem Standpunkt: ich habe ihn gewollt, also muss ich auch für ihn dasein. Was das Füttern und den Umgang mit William betrifft, ist Nadja sehr energisch. Sie setzt sich ganz gewaltig durch und das tut ihr mit Sicherheit sehr gut". Die Mutter verschließt in ihrer realistischen Einschätzung nicht die Augen davor, dass die Verantwortung für das Tier eine schwere Aufgabe für ihre Tochter ist. „Sie muss sich zusammenreißen, kann sich nicht hängen lassen. Doch gemeinsam mit dem Hund fällt ihr das leichter".

Auch die Pflegeschwester, die Nadja betreut, hat miterlebt, wie gut der Hund seiner Herrin tut. Während der Einschulung von Nadja hatte ich sie bereits kennen gelernt. Damals hatte sie große Bedenken geäußert, dass das überhaupt funktionieren könnte, da sie der Meinung war, Nadja könne einen Hund nicht allein versorgen. Mittlerweile hat sie ihre Meinung grundlegend geändert. Sie kann zwar nicht beurteilen, wieviel der BBH Nadja im täglichen Leben hilft, aber sie sieht, wie gut er ihr tut: Nadja lässt sich nicht gehen, passt auf sich auf, geht viel an die frische Luft und hat dadurch auch wieder viel Kontakt mit anderen Menschen – alles positive Entwicklungen, die erst durch das Leben mit dem Hund kamen.

Doktor Gerd Alexander Frühmark, Facharzt für Neurologie, behandelt Nadja seit 1994. Als seine Patientin ihm eröffnete, dass sie Interesse an einem BBH habe, war er zunächst einmal skeptisch: „Das Sorgen für einen Hund ist eine sehr anspruchsvolle Aufgabe und die Krankheit nimmt einen doch so sehr in Beschlag, dass es mir zunächst als zusätzliche Belastung erschien". Dank der Beharrlichkeit seiner Patientin und den positiven Erfahrungen mit ihrem BBH hat der Doktor sich mittlerweile eines Besseren belehren lassen. „Ich sehe vor allem einen ungeheuren psychischen Wert, den so ein Tier für den Menschen mit sich bringt. Die authentische, ehrliche Beziehung zum Hund, die Wärme, die das Tier dem Menschen schenkt, sind etwas sehr wertvolles. William hat Nadja sicherlich schon über einige Tiefen hinweg geholfen". Auch von den Hilfestellungen im täglichen Leben, die ein BBH für seinen Menschen vollbringt, ist der Arzt angetan. „Ein Wesenszug der Multiplen Sklerose ist zum Beispiel, dass die Feinmotorik der Arme sehr schwer fällt. Und William schafft es wirklich meisterhaft, ihr zur Hand zu gehen. Dadurch, dass er Gegenstände, die nicht in Griffweite sind, apportiert, erweitert er auch den Aktionsradius von Nadja". Das Annehmen der Gegenstände und das Schmusen mit dem Hund könne man auch als ergotherapeutische Übungen ansehen. Die taktilen Reize seien beruhigend, ausgleichend und letztendlich vielleicht auch stabilisierend, so der Arzt. Wissenschaftliche Untersuchungen gebe es dazu zwar nicht, aber ein Zusammenhang sei vorstellbar. Nach dieser Erfahrung mit Nadja würde Dr. Frühmark auch anderen Patienten in gleicher Situation „eindeutig zu einem BBH raten. „Die emotionale Wärme, genauso wie die Ausweitung des Bewegungsraumes sind wertvolle therapeutische Unterstützungen, die kaum hoch genug einzuschätzen sind".

Bildernachweis

Das Titelfoto und alle weiteren Fotos bis auf zwei Ausnahmen wurden uns freundlicher Weise von dem Tier- und Naturfotografen Gunther Kopp, Brunnenstraße 24, 66916 Dunzweiler, Telefon und Fax (06373) 9178 zur Verfügung gestellt. Er begleitet bereits seit mehreren Jahren meine Arbeit als Hundetrainerin und hat schon für weitaus bedeutendere Hundeexperten gearbeitet.

Das Foto im Kapitel 3.5. Erfahrungen mit dem BBH hat uns der Pressefotograf Bernd Krug aus Heidelberg freundlicher Weise zur Verfügung gestellt.

Meine Margaux hat meine Tochter Sabine Zägel so schön im Foto festgehalten.

Literaturverzeichnis

Eric H.W.Aldington: Von der Seele des Hundes, Gollwitzer 1986
Eric H.W.Aldington: Was tu ich nur mit diesem Hund, Gollwitzer1994
Sylvia Greiffenhagen: Tiere als Therapie, Knaur 1993
Martin Pietralla: Clicker Training für Hunde, Kosmos 2000
Turid Rugaas:Die Beschwichtigungssignale der Hunde, animal Learn 2001
Linda Tellington-Jones: Tellington-Training für Hunde, Kosmos 1999
Gary Wilkes: Click & Treat Training Kit, Version 1.1, USA 1995
Wilcox und Walkowicz: Kynos-Atlas Hunderassen der Welt, Kynos 1990
Richard A. Wolters: Neue Wege der Jagdhundeausbildung, Kynos 1993
Erik Zimen: Der Hund, Goldmann 1992

CPSIA information can be obtained
at www.ICGtesting.com
Printed in the USA
BVHW031444090920
588440BV00001B/101